21世纪大学俄语系列教材　　总主编　孙玉华　邓　军

普通高等教育"十一五"国家级规划教材

教师用书

Русский язык

俄　语　①

（全新版）

黑龙江大学俄语学院　编

总主编　邓　军　郝　斌　赵　为

本册主编　荣洁　赵为

编者　荣洁　赵为　赵梦雪　冯雅菲

图书在版编目(CIP)数据

俄语(1)教师用书(全新版)/荣洁,赵为主编.—北京:北京大学出版社,2008.8
(21世纪大学俄语系列教材)
ISBN 978-7-301-14104-5

Ⅰ.俄… Ⅱ.①荣…②赵… Ⅲ.俄语–高等学校–教学–参考资料 Ⅳ.H35

中国版本图书馆CIP数据核字(2008)第112172号

书　　　名：	俄语(1)教师用书(全新版)
著作责任者：	荣　洁　赵　为　主编
责 任 编 辑：	张　冰
标 准 书 号：	ISBN 978-7-301-14104-5/H·2041
出 版 发 行：	北京大学出版社
地　　　址：	北京市海淀区成府路205号　100871
网　　　址：	http://www.pup.cn
电　　　话：	邮购部 62752015　发行部 62750672　编辑部 62759634　出版部 62754962
电 子 邮 箱：	zbing@pup.pku.edu.cn
印　　刷　者：	北京大学印刷厂
经　　销　者：	新华书店

　　　　　　　787毫米×1092毫米　16开本　10.5印张　289千字
　　　　　　　2008年8月第1版　2012年10月第2次印刷

定　　　价：28.00元

未经许可,不得以任何方式复制或抄袭本书之部分或全部内容。
版权所有,侵权必究　举报电话：010–62752024
　　　　　　　　　　电子邮箱：fd@pup.pku.edu.cn

21世纪大学俄语系列教材

总主编　孙玉华　邓军
顾　问　白春仁　李明滨　张会森

编委会（以汉语拼音为序）
丛亚萍　山东大学
邓　军　黑龙江大学
刘　宏　大连外国语学院
刘利民　首都师范大学
苗幽燕　吉林大学
史铁强　北京外国语大学
孙玉华　大连外国语学院
王加兴　南京大学
王铭玉　天津外国语大学
王松亭　解放军外国语学院
王仰正　浙江大学
夏忠宪　北京师范大学
杨　杰　厦门大学
张　冰　北京大学出版社
张　杰　南京师范大学
查晓燕　北京大学
赵　红　西安外国语大学
赵爱国　苏州大学
赵秋野　哈尔滨师范大学
郑体武　上海外国语大学

总 序

黑龙江大学俄语学院有六十余年的俄语教学历史，在长期的俄语教学实践中形成了一整套独具特色教学方法，并在此基础上编写出俄语专业系列教材，被国内多所院校俄语专业采用。其中《俄语》曾在全国专业俄语和非专业俄语范围内广泛使用，通过这套教材培养出了数以万计的俄语高级人才。

黑龙江大学俄语教材编写原则历来是从我国俄语的教学实情出发，兼顾不同起点学生的俄语学习需求。在总结多年教学经验的基础上，本套《俄语》(全新版)依旧采用低起点教学原则，从语音导论开始，到最后篇章修研结束。编写主线仍以语法为纲，酌情引入不同专题内容。低年级阶段以教学语法为基础，高年级阶段以功能语法为纲，以适合众多俄语专业基础阶段和提高阶段的使用。

本教材参考目前俄罗斯新教材的编写原则，紧密联系中国国情，结合黑龙江大学多年来俄语的教学实际，注重日常生活交际，突出实用性。保障常用词汇数量，保障典型句式数量。教材内容更贴近生活、更贴近现实，使学生可以通过本套教材的学习，了解俄罗斯人的生活习俗、行为方式、思想方法以及人际交流模式。

教材在编写原则上力求反映出 21 世纪俄罗斯风貌、当今时代俄语最新变化。本教材在充分领会新教学大纲的基础上，以最新的外语教学理论为指导，在编写理念、选取素材、结构设计等方面都力求体现和满足俄语专业最新的教学要求，集多种教学模式和教学手段为一体，顺应社会和时代的发展的潮流，突出素质教育思想，注重教授语言知识与培养言语技能的有机结合。

本教材共分为 8 册，包括学生用书、教师用书、配套光盘、电子课件等相关配套出版物。其中 1—4 册为基础阶段使用，5—8 册为提高阶段用书。对于非俄语专业学生来说，1—4 册的内容足以为其以后阅读专业教材打下良好的基础。5—6 册中适量选用了不同专业方向的素材，以有助于不同专业的学生以后的专业资料阅读和把握。而对于以俄语为专业的学生来说，我们认为，除熟练地掌握前 6 册内容之外，熟悉 7—8 册的内容对他们未来顺利的工作将不无裨益。

本套《俄语》(全新版)被教育部批准为普通高等教育"十一五"国家级规划教材。编者在编写过程中得到中俄高校专家教师的大力支持和关注，特别是任课院校教师的反馈意见和建议，使我们的编写工作更有针对性，更能反映教学的需求，我们对此深表谢忱！

邓军　郝斌　赵为
2008 年 4 月

目 录

语音导论课教学建议 ·· 1

ВВОДНО-ФОНЕТИЧЕСКИЙ КУРС
语音导论课

УРОК 1 ·· 3
    一、简述俄语的国际地位 ·· 3
    二、简述学好俄语语音的重要性 ·································· 3
    三、发音器官简介 ··· 3
    四、元音和辅音 ··· 3
    五、音位描述 ··· 4
    六、音节和重音 ··· 5
    七、练习与测验 ··· 5
    八、课后练习答案 ··· 6

УРОК 2 ·· 7
    一、音位描述 ··· 7
    二、浊辅音在词末尾的清化 ····································· 8
    三、(硬辅音后)元音[a],[o]的弱化 ······························ 8
    四、练习与测验 ··· 9
    五、课后练习答案 ··· 9

УРОК 3 ··· 10
    一、音位描述 ·· 10
    二、语调 ·· 10
    三、调型 1 ·· 11
    四、练习与测验 ·· 11
    五、课后练习答案 ·· 12

俄语

УРОК 4 13
    一、音位描述 13
    二、元音字母 я, ё, ю, е 13
    三、硬辅音和软辅音 13
    四、软辅音 [м'],[н'],[к'] 14
    五、软音符号和硬音符号 14
    六、练习与测验 14
    七、课后练习答案 15

УРОК 5 16
    一、音位描述 16
    二、前置词和后面词的连读 16
    三、词的节律 17
    四、语段 17
    五、调型 2(1) 17
    六、练习与测验 17
    七、课后练习答案 18

УРОК 6 19
    一、音位描述 19
    二、软辅音后[a],[э]的弱化 19
    三、清、浊辅音的对应 19
    四、清、浊辅音的同化 20
    五、调型 2(2) 20
    六、练习与测验 20
    七、课后练习答案 21

УРОК 7 22
    一、音位描述 22
    二、某些辅音音组的读法(1) 22
    三、调型 3(1) 22
    四、调型中心位置的改变 22
    五、练习与测验 23
    六、课后练习答案 24

УРОК 8 25
    一、音位描述 25
    二、某些辅音音组的读法(2) 25
    三、辅音[л],[л'] 25
    四、调型 3(2) 26

五、练习与测验 26
　　六、课后练习答案 26

УРОК 9 28
　　一、元音[a],[o],[э]在[ж],[ш],[ц]后的弱化 28
　　二、带 и́ли 的选择疑问句语调 28
　　三、调型 4(1) 28
　　四、练习与测验 28
　　五、课后练习答案 29

УРОК 10 31
　　一、调型 4(2) 31
　　二、未完结语调和完结语调 31
　　三、俄罗斯人的名字和父称的读音特点 31
　　四、俄语的词类 31
　　五、练习与测验 31
　　六、课后练习答案 32

УРОК 11 34
　　一、调型 5 34
　　二、列举语调和对别语调 34
　　三、语音小结 34
　　四、辅音与元音的拼读和拼写 35
　　五、元音弱化小结 36
　　六、名词的性 36
　　七、练习与测验 37
　　八、课后练习答案 37

УРОК 12 40
　　一、部分外来词的读法 40
　　二、调型 6 40
　　三、语调小结 40
　　四、形容词的性和复数 41
　　五、《俄语字母表》РУССКИЙ АЛФАВИТ 41
　　六、练习与测验 42
　　七、课后练习答案 43
　　　　调型训练 43
　　　　语音训练 44

基础课教学建议 50

ОСНОВНОЙ КУРС
基础课

УРОК 1 52
 一、语法要点 53
 二、重点词汇 54
 三、重点句型 54
 四、言语练习(1) 54
 五、课文要点 55
 六、言语练习(2) 55
 七、"范句"中需替换内容的答案 56
 八、课文译文 56
 九、练习参考答案 57

УРОК 2 63
 一、语法要点 63
 二、重点词汇 64
 三、重点句型 66
 四、言语练习(1) 66
 五、课文要点 66
 六、言语练习(2) 67
 七、"范句"中需替换内容的答案 67
 八、课文译文 67
 九、练习参考答案 68

УРОК 3 74
 一、语法要点 74
 二、重点词汇 75
 三、重点句型 76
 四、言语练习(1) 77
 五、课文要点 77
 六、言语练习(2) 78
 七、"范句"中需替换内容的答案 78
 八、课文译文 79
 九、练习参考答案 79

目 录

УРОК 4 86
    一、语法要点 86
    二、重点词汇 86
    三、重点句型 87
    四、言语练习(1) 87
    五、课文要点 87
    六、言语练习(2) 87
    七、"范句"中需替换内容的答案 88
    八、课文译文 88
    九、练习参考答案 88

ПОВТОРЕНИЕ Ⅰ 94

УРОК 5 102
    一、语法要点 102
    二、重点词汇 102
    三、重点句型 103
    四、言语练习(1) 103
    五、课文要点 103
    六、言语练习(2) 103
    七、"范句"中需替换内容的答案 104
    八、课文译文 104
    九、练习参考答案 104

УРОК 6 110
    一、语法要点 110
    二、重点词汇 110
    三、重点句型 111
    四、言语练习(1) 111
    五、课文要点 111
    六、言语练习(2) 111
    七、"范句"中需替换内容的答案 112
    八、课文译文 112
    九、练习参考答案 112

УРОК 7 119
    一、语法要点 119
    二、重点词汇 119
    三、重点句型 119
    四、言语练习(1) 120

五、课文要点 120
　　六、言语练习(2) 120
　　七、"范句"中需替换内容的答案 120
　　八、课文译文 121
　　九、练习参考答案 121

УРОК 8 .... **130**
　　一、语法要点 130
　　二、重点词汇 131
　　三、重点句型 132
　　四、言语练习(1) 132
　　五、课文要点 132
　　六、言语练习(2) 133
　　七、"范句"中需替换内容的答案 133
　　八、课文译文 133
　　九、练习参考答案 133

УРОК 9 .... **139**
　　一、语法要点 139
　　二、重点词汇 139
　　三、重点句型 140
　　四、言语练习(1) 141
　　五、课文要点 141
　　六、言语练习(2) 141
　　七、"范句"中需替换内容的答案 141
　　八、课文译文 141
　　九、练习参考答案 142

ПОВТОРЕНИЕ Ⅱ **149**

语音导论课教学建议

《俄语》(全新版)第一册的学习对象可以是俄语零起点和非零起点的大学生、大专生、自考生。供第一学年第一学期使用。本册教材由语音导论课和基础课两部分组成。

讲授语音导论课的教师俄语语音、语调应该标准。教师应了解俄语的音位描述,掌握行之有效的纠音方法,并有足够的耐心帮助学生学习语音知识。

学生要在教师的指导下,不怕困难,正确掌握俄语发音、语调、重音、节律等知识和技巧。语音关是学生学外语必须过的一关,它是学习外语的基础的基础。在教师的认真指导下,学生应克服各个难点,掌握俄语的元音和辅音的发音方法,掌握俄语的语调。

但由于学生居住生活的地区不同,受方言的影响不同,学习俄语发音的难点也会发生变化。这就需要教师用各种不同手段来帮助学生攻克这些难点。教师应把握住一个基本原则:成年人学习俄语语音,不能仅仅靠模仿。指导大学生学习俄语,应该讲明每个音的音位和发音方法,仅仅要求他们凭听觉,模仿发音的作法不是最佳方法。要给他们讲清楚发音时各器官的位置,发音方法。在此基础上进行语音教学。同时,建议课堂上少练单音,多练音组、单词、句子。

语音教学的确比较枯燥,课堂上要大量模仿、反复读一些难发的音,学生很快就会疲倦,教学效果就有可能下降。此时,变换一些练习形式,往往可以达到良好的效果。纠正语音错误也需要讲些技巧,方法得当方能事半功倍。

语音课教学顺序建议为:(新课)板书(本课重点内容)→音位描述→示范(利用录音)→模仿→练习→听写→本课小结→作业。(第二天的课)检查(听写)→巩固练习→板书(本课重点内容)→音位描述,等等。

语音导论课部分共有12课。授课时间建议不少于六周。每周不少于12学时。该阶段的主要教学任务是帮助学生掌握俄语语音、语调、拼读、书写规则和少量俄语语法知识,并能进行简单的日常对话。

通过语音导论课阶段的学习,学生应当掌握43个音的正确发音和拼读,正确掌握4个常用调型(调型1—4),了解2个次常用调型(调型5—6)。能运用语音导论阶段学习到的语音知识,正确朗读内容难度相当的语句,模仿简单对话。

语音教学阶段,教师除要考虑母语对学习俄语发音的影响,还应注意英语对中国学生的影响。

课堂上教师要合理分配时间,不要过多地指导一两个没有掌握当堂教学内容的学生,而忽略全班。教师要充分利用有声资料、直观教具、教学课件等教学手段进行课堂教学。除在课堂上指导学生学习俄语语音之外,教师还应要求学生在课后多听、多模仿、多练习,巩固所学内容。

每课结束前或新课开始前,建议做1—2次听写,检查学生分辨俄语音的能力。语音导论课结束时,需要作终结性的语音测验并做记录,以便学生在基础阶段学习过程中继续改正缺点,不断完善自己的语音面貌。

　　语音导论课阶段的学习效果,通常会影响学生今后的俄语语音面貌。因此,授课教师都要认真负责地矫正学生的语音、语调错误,以期帮助学生塑造完美的语音面貌。

　　在学习语音的同时,教师还需讲授俄语书写规则。建议初学者使用《Пропись》练习俄语书法,正确掌握俄语字母的书写、连写、移行和俄语标点的书写规则。

　　每课里面"练习与测验"的内容供授课教师参考,使用时请酌情增减。"听写"主要检查普通名词的拼写和专有名词的大小写。"边听边译"主要检查学生掌握带＊号名词的情况,教师读汉语,学生写俄语。可以不占用课堂时间的练习,建议尽量放在课下做。

推荐参考文献:

1. 赵作英《俄语实践语音语调》,外语教学与研究出版社,1985
2. 王超尘等《现代俄语理论教程》(上册),上海外语教育出版社,1988
3. 王宪荣《现代俄语语音学》,黑龙江人民出版社,1995
4. 陈君华《俄语语音学教程》,北京大学出版社,1997
5. 荣　洁《俄语语音导论课教学举隅》,《俄语教学与研究论丛》第十六集,黑龙江大学,2003
6. 诸葛苹等《汉俄语音对比实验研究》,南京大学出版社,2001
7. 黑龙江大学俄语系编《俄语教师课堂用语》,黑龙江大学,1993
8. 章兼中主编《国外外语教学法主要流派》,华东师范大学出版社,1983
9. 许毅译《外语教学新方法》,北京语言学院出版社,1987
10. 《大学俄语》(东方)第一册,北京外国语大学编,外语教学与研究出版社,1994
11. 《新编俄语教程》第一册,上海外国语学院俄语系编,上海外语教育出版社,1990
12. 《俄语》第一册,解放军外国语学院王学琴主编　陕西科学技术出版社,2000
13. 《新编大学本科俄语》第一册,中国人民大学钱晓蕙主编,中国人民大学出版社,2003
14. Брызгунова Е. А.«Звуки и интонации русской речи», Русский язык, 1977
15. Костомаров В. Г. и др. «Русский язык для всех»(13-е издание), Русский язык, 1989
16. «Русская грамматика», АН СССР, изд. Наука, 1980

ВВОДНО-ФОНЕТИЧЕСКИЙ КУРС
语音导论课

УРОК 1

一、简述俄语的国际地位

俄语是联合国六大工作语言之一。据俄罗斯官方的数据显示,目前俄语是全球第四大通用语言,有 1.7 亿人将其作为母语,3.5 亿人通晓俄语。此外,世界上还有 1.8 亿人在学习俄语。

二、简述学好俄语语音的重要性

俄语语音教学是俄语教学全过程的开端和基石。正确的语音、语调是交际的保障。正确掌握语音、语调有益于听、说、读、写能力的形成。学生应认真学好语音、语调,为下一阶段的俄语学习打好基础。

三、发音器官简介

对初学者来说,了解发音器官的名称和位置是非常必要的。这不仅可以帮助学生听懂老师所讲的内容,还可以为下一步学习俄语发音提供帮助。发音器官主要包括:I. 声带;II. 鼻腔;III. 口腔。

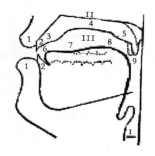

右图中的数字分别代表:1. 上、下唇;2. 上、下齿;3. 上齿龈;4. 硬腭;5. 软腭;6. 舌尖;7. 前舌(舌前部);8. 中舌(舌中部);9. 后舌(舌后部)。

四、元音和辅音

俄语里有 33 个字母(其中的两个字母 ъ, ь 不发音),表示 6 个元音,37 个辅音,共计 43 个音。а, о, у, ы, и, э 既是元音,也是元音字母。я, ё, ю, е 是元音字母,不是元音。

俄语

元音按舌位前后可分为：前元音[и], [e]；央元音[ы], [a]；后元音[y], [o]。按舌位高低可分为：高元音[и], [ы], [y]；中元音[e], [o]；低元音[a]。

《俄语元音分类表》

舌位高低	不圆唇元音		圆唇元音
	前元音	央元音	后元音
高元音	и	ы	y
中元音	e		o
低元音		a	

辅音的分类比较复杂，可以分为清辅音、浊辅音（第一课出现）、软辅音、硬辅音（第四课出现）等。辅音分类用表格形式表示较为直观，见下表：

《俄语辅音分类表》

气流与阻碍	中舌与声带的动作	发音部位	唇音		舌音			
			双唇音	唇齿音	前舌音		中舌音	后舌音
			硬 软	硬 软	硬 软	硬 软	软	硬 软
塞音	口音	清	п п'		т т'			к к'
		浊	б б'		д д'			г г'
	鼻音	浊	м м'		н н'			
擦音	中缝音	清		ф ф'	с с'	ш ш̄'		х х'
		浊		в в'	з з'	ж ж̄'		
	中缝音	浊					j	
	边音	浊			л л'			
塞擦音		清			ц	ч'		
颤音		浊			р р'			

注

表中辅音字母上方的横线表示该辅音是长音。硬辅音[ж], [ш], [ц]与软辅音[ж̄'], [ш̄'], [ч']是非对偶的硬、软辅音。本教学参考书中不独立描述[ж̄']的音位。

授课教师要注意：语音课不是语音学课，对俄语语音知识的讲解要适量，视教学对象的不同，酌情增减。课堂教学的绝大部分时间要用来举例（听标准录音）、模仿、示范、纠偏。

五、音位描述

1. 元音[a], [y], [o]

元音[a]的发音要领：口张得比较大，双唇自然舒展，与汉语的 a 基本相同。[a]是低元音。因此，舌头的位置要低平些。

元音[y]的发音要领：整个舌体向后收缩，舌尖下垂并远离下齿背，舌后部向软腭抬起，双唇前伸圆撮。与汉语的 u 基本相同,但圆撮前伸程度要大些,偏低,偏后。学生的常见错误是:前伸动作不到位。这需要教师在较长的一段时间内不断提醒学生,纠正这个错误。要领之一是:唇位不要移动,保持住音位。

元音[o]的发音要领:双唇圆撮前伸,口张开的程度比[y]大,比[a]小。要注意提醒学生:不要将俄语的[o]发成汉语的 ou 或 wo。发音时,舌向前移,舌前部和舌中部向硬腭抬起,唇角稍向两侧展开。

俄语的[o]与汉语的 o 虽然比较接近,但还是有着明显的区别。俄语的[o]比汉语的 o 舌位低,双唇前伸和圆撮的程度大。

矫正这个音时,可以从[y]开始,先发[y],然后过渡到[o]。要做到:双唇尽力圆撮和前伸,保持口型不变,直至发音结束。这是矫正[o]的关键所在。

2. 辅音[м],[н],[к],[т],[п]

辅音[м]是浊辅音。其发音与汉语的 m("妈"ma 中的声母)近似。[м]是鼻音,当[м]位于词末尾时,学习者受汉语的影响,常常在[м]之后加元音[э],读作汉语的 me,例如,将 дом 读作[домэ]。课堂教学过程中,教师应及时纠正这个典型错误。

辅音[н]是浊辅音。其发音与汉语的 n("拿"na 中的声母)相近。[н]也是鼻音,发[н]时,舌头依傍下齿,前舌顶住上齿和上齿龈。发音结束前,不应改变舌位,否则就会出现加音错误,例如,将 он 读成了[онэ] 或 eng。

辅音[к]是清辅音。发音时,声带不振动,舌要稍向后移,成阻部位要偏高,注意不要加音,不要发成汉语的"科"ke(另:[к]位于元音前时不能读作爆破音)。

辅音[т]是清辅音。[т]的发音与汉语 t("他"ta 中的声母)相近,但声带不振动。发[т]时,舌尖依傍下齿,前舌顶住上齿和上齿龈。需注意:当[т]位于词尾时,学生容易加音。

辅音[п]是清辅音。发音时,声带不振动,闭合双唇,构成阻塞。当气流冲出时,双唇立即张开,形成爆破音。控制声带不振动是正确发[п]音的保障。

当辅音[м],[н],[к],[т],[п]在词末尾时,教师应要求学生注意词尾的读法,不要受汉语 me、ne、ke、te、be 的影响,不要在俄语辅音后面加[э]音。

六、音节和重音

任何一个音节一定包括一个元音。一个元音可以单独构成一个音节,也可以和一个或几个辅音一起构成一个音节,一个词有几个元音,就有几个音节,例如:он, там, му-ká。

多音节词发音时,使某音节发长音的语音手段,称作重音。带有重音的音节叫重读音节。重读音节里的元音发得清晰,比较长。非重读音节里的元音发得比较弱、比较短。切记:重音并不意味着要用力重读。

七、练习与测验

1. 听写。

акт, кон, кто, кун, мат, нам, ном, пан, пуп

том, тон, тот, ум, тут, как, так, мак, там
ман, он, тума́н, кум, пот, танк, пункт

2. 布置书写作业。

八、课后练习答案

4. 听录音,标重音并划分音节。
ту-ма́н, му-ка́, ма́-му, па́-пу, му́-ку
ку-ка́н, му-та́нт, ту-ма́к, ту-ка́н

УРОК 2

一、音位描述

1. 元音[э],[ы]

元音[э]的发音动作:舌头前移,舌尖依傍下齿背,舌中部向上抬起,唇角稍向两侧舒展。练习发音时,可以从元音[и]向元音[э]缓慢过度,例如:и-и-э-э-э。教师要及时纠正将[э]发成汉语的 ai 或 ei 的错误发音。

元音[э]也是元音中较难学好的音。矫正这个发音时,应该提醒学生:下腭、舌头要放松,舌头不应该有附加动作,否则就会出现错误。教师应告诫学生,不要用汉语中的二合元音来代替[э]。

元音[ы]的发音动作:整个舌体连同舌尖一起稍向后移,舌面及舌后部向硬腭抬起,双唇略向两侧展开。

汉语中没有类似的元音。因此,学生经常将[ы]发成 ei,将[ын]发成 en。这主要是混淆了[ы]与[э]。舌后部抬起与否是正确发[ы]音的关键之一。弯曲食指,抵住下腭与喉咙的结合处,可以感觉到喉部肌肉变得紧张,推不动。发音错误时(舌根没有提起),手指没有被下压的感觉。

元音[ы]是最不容易发好的元音。学生在发这个音时,往往还没有提起舌后部,就已经结束了发音全过程。学生常常把 вы 发成近似汉语 wei(微)的音;把 мы 发成 mei(枚)的音;把 ты 发成了近似汉语 dei 的音。矫正的方法是:要求学生发音时,注意提起舌根。发音也可以从[и]开始,然后向后移动舌头,直到发出[ы]的音。教师应注意:发元音[ы]时,舌位有两个,有舌尖平举的[ы]和舌尖下垂的[ы],二者均符合发音规范。

2. 辅音[г],[д],[б]

辅音[г],[д],[б]是浊辅音,对应的清辅音是[к], [т], [п]。它们的发音部位及方法与它们所对应的清辅音相同,只是发音时声带要振动。

清、浊辅音的主要区别在于:发清辅音时,声带不振动,发浊辅音时,声带振动。教师纠正学生发音时,多凭个人的听觉和经验。学生本人很难检查自己的发音是否正确。课堂上,不妨使用一种较为简便的方法:用双手的食指塞住耳朵。发音时,如果声带振动,鼓膜就会感受到气流的挤压,这就说明,发出的音是浊辅音。如果相反,说明发出的音就是清辅音了。把手指放在喉部也能感受到声带的振动。

纠正学生发清辅音不清的错误时,可以要求学生放低声音读辅音(без го́лоса),采用"小声法"克服清辅音不清的毛病。找到感觉,掌握了正确的发音方法之后,再恢复到正常的音量。

俄语中清、浊对应的辅音共计 12 对(详见第一课《俄语辅音分类表》)。中国学生学习清、浊辅音的困难主要集中在 6 对辅音 [п — б, п' — б', т — д, т' — д', к — г, к' — г'] 上。错误集中表现为：

1）用汉语不送气辅音代替俄语浊辅音，例如，用 ba 代替[ба]，用 da 代替[да]；
2）用汉语送气辅音代替俄语清辅音，例如，用 pa 代替[па]，用 tam 代替[там]，用 ka 代替[ка]；
3）受不送气辅音的影响，把俄语的清辅音发成半清半浊音或浊音。

二、浊辅音在词末尾的清化

俄语的浊辅音在词末尾时，要发成相对应的清辅音，例如：

год—го[т]　　　[д]—[т]
дуб—ду[п]　　　[б]—[п]
мог—мо[к]　　　[г]—[к]

三、(硬辅音后)元音[a], [o]的弱化

俄语词汇中，元音在不同位置上的读音长度是不一致的。早在 19 世纪末 20 世纪初，俄罗斯学者 А. А. Потебня 就已经指出了这一点。

1. 第一级弱化
    1）[a], [o]在硬辅音后重音前的第一个音节中，发成比[a]短而弱的[ʌ]音；
    2）词首非重读的[a], [o]也发成[ʌ]音。
2. 第二级弱化
    1）在硬辅音后重音前第二、三、四等音节(硬辅音后重音前的第一个音节除外)中的弱化为第二级弱化，要发成比[ʌ]更短、更弱的[ъ]音；
    2）重音后其它非重读音节中的弱化也为第二级弱化，也要发成比[ʌ]更短、更弱的[ъ]音。
    教师可以运用多种方法在黑板或电子课件中标注元音[a], [o]的弱化，例如：
    ① косá [кʌсá], охóта [ʌхóтъ], погóда [пʌгóдъ], мнóго [мнóгъ]（利用音标）
    ② ко-сá,　о-хó-та,　по-гó-да,　мнó-го
    　　1　0　 1　0　2 　1　0　2　　0　2（利用数字）
    ③

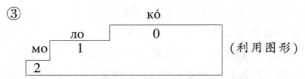

（利用图形）

（0 — 表示不弱化；1 — 表示第一级弱化；2 — 表示第二级弱化。）
上述弱化规则同样适用于虚词与实词的连读中。

语音导论课 УРОК 2

四、练习与测验

1. 听写,并标出重音。

   мы, года́, бума́га, гу́бы, ба́нда, э́тот, пома́да, отку́да
   дуб, ко́мнаты, нау́ка, у окна́, дым, у ма́мы, поэ́тому

2. 听写。

   Кана́да, Магада́н, Пак, ГУМ, БАМ, от То́ма, Дон

3. 听写,注意辅音在词末尾的清化。

   дог, пуд, ад, ног, гад, над, код, дуб, год, мог

4. 边听边译。

   谁 他 那个 在这儿 怎么样

5. 布置书写作业。

五、课后练习答案

4. 听录音,标注重音并划分音节。

   до́-ма, до-ма́, то-ма́, то́-ма
   му-ка́, му́-ка, го́-да, го-да́
   по-то́м — по-то-му́, по-то-му́ — по-э́-то-му

УРОК 3

一、音位描述

1. 元音[и]

元音[и]的发音与汉语 i("依"yi 中的韵母)近似。只是俄语中[и]的舌位偏低、偏后。教学中尚未发现特殊困难。

2. 辅音[с],[ф],[x],[в],[з]

辅音[с]是清辅音。其发音与汉语 s("嘶"si 中的声母)近似。发[с]时,舌尖依傍下齿,舌前部靠近上齿背和上齿龈。教学中尚未发现特殊困难。

辅音[ф]是清辅音,其发音与汉语 f("发"fa 中的声母)近似。发[ф]时,上齿和下唇构成窄缝,气流通过时,形成摩擦音。

辅音[x]是清辅音,其发音与汉语中 h("喝"h 中的声母)近似,但成阻部位偏前。教学中尚未发现特殊困难。

辅音[в]是浊辅音,对应的清辅音是[ф]。[в]的发音部位及方法与[ф]基本相同,但发[в]时声带振动。

在学习[в]这个音时,典型错误之一是:在它的后面加元音 y。当[в]需要清化时,学生常常将[в]错读成[фу],近似于汉语的 fu(夫)。纠正方法之一:下唇轻触上齿的齿尖,只轻微送气,不出声(без гóлоса),通常这样就可以克服加音和不清化的毛病。

辅音[з]是浊辅音,对应的清辅音是[с]。[з]的发音部位及方法与[с]基本相同,但发[з]时声带振动。学生在发[з]音时,擦音往往不够,发成了近似于汉语 zi(资)的音,这是学习俄语的中国学生所犯的典型错误之一。发这个音时,可以从[с]开始,加上声带的振动,就可以发出[з]的音。之后练习从成阻起就有浊音。教师一定要提醒学生,不应将зýбы读成汉语的 zubei(租被)。

二、语调

语调是指说话或朗读时,在声音高低、音调起伏、用力轻重和音响持续长短等方面的变化。莫斯科大学的 Е. А. Брызгунóва 教授将俄语语调划分为 7 个。即:调型 1—7。本册教材仅介绍 6 个调型。调型 1—4 是学生必须积极掌握的,调型 5—6 可积极掌握,也可作为语调知识了解。

调型由调型中心、调型中心前部、调型中心后部三部分组成。一个句子可以切分为数个语段,用数个调型表达。

语调通常由中调起,在调型中心发生变化(或升或降),调型中心后部常常低于或高于调型中心前部。

三、调型 1

调型 1 经常用于陈述句中，表示语义完结。调型 1 的调型中心一般落在所要强调的词的重音上，例如：

      Иван дома.   Мама дома.

调型 1 的特点是：调型中心前部用中调，调型中心音调下降，但不需要重降，中心后部的音调低于中心前部的音调。

教师在黑板上标注调型时，线条务必标注在元音上方，不应标注在辅音上方。调型中心要明确，其它线条平直。不应出现不该有的上升或下降。

调型 1 也可以用在以连接词 и 开头、与前一句有关联意义的陈述句中。在这类陈述句中，调型中心前移，落在 и 后面的代词或名词上，例如：

(Папа дома.) И ма́ма до́ма. (Иван стоит у окна.) И она́ стоит у окна́.

四、练习与测验

1. 听写，并标出重音。

   иду́, сок, фонта́н, му́ха, бу́ква, знак, вы́ход, а́вгуст, адвока́т
   а́збука, эпо́ха, ко́фта, су́мка, ха́ос, восто́к, замо́к, музыка́нт

2. 听写。

   Иу́да, Ива́н, Москва́, Хуанхэ́

3. 听写，并标出调型。

   Это факт. Тут стакан. Это закуска.

   Папа дома. И мама дома.

   Иван стоит у окна. И она стоит у окна.

4. 用线条给句子标出调型。

      Это ма́ма Ива́на.   Па́па стоит у вы́хода.   И она́ стоит у вы́хода.

俄 语

注意：

线条必须标在元音上，曲线在语调中心处下降，语调中心后部的平线必须低于语调中心前部平线。

5. 边听边译。

你 我们 房间 年 去哪里 天气 窗户 她 以后 许多

6. 布置书写作业。

五、课后练习答案

8. 听录音，标调型。

Их ма́ма ту́т.[1]

Их па́па та́м.[1]

Ту́т са́д.[1]

Та́м заво́д.[1]

Ива́н и па́па иду́т на заво́д.[1]

Ма́ма и па́па иду́т за сы́ном.[1]

УРОК 4

一、音位描述

辅音[j]

辅音[j]是浊辅音(书写时为й)。其发音和汉语i("压"ya中的声母)近似。发[j]音时,舌尖抵住下齿,中舌向硬腭高高抬起,构成窄缝。气流通过时,形成摩擦音。教学中尚未发现特殊困难。

二、元音字母 я, ё, ю, е

元音字母 я, ё, ю, е 不和前面的辅音拼读时,分别表示音组[j a],[j o],[j y],[j э]。俄语中只有6个元音,但有10个元音字母,原因就在这里。那么学习这4个字母的意义又在哪里呢?了解这一点是十分必要的。在语音阶段结束之后,我们会发现,"元音算术"(й+a=я, й+o=ё, й+y=ю, й+э=e)对认识俄语词尾变化是非常有帮助的。掌握"元音算术"后,学生在学习名词变格时,才能理解,为什么会出现加 -a 或加 -я;加 -y 或加 -ю 的"不同"词尾。试看:

	硬变化	软变化	
第一格	магазин	Китай	
第二格	магазина	Китая	(й+a = я,因此写作 Китая)
第三格	магазину	Китаю	(й+y = ю,因此写作 Китаю)
...		...	

建议教师在黑板上这样排列元音字母:

   a o y ы э
   я ё ю и e

这样排列,第一,读起来比较顺口;第二,上排元音只与硬辅音连用,下排元音只与软辅音连用。

三、硬辅音和软辅音

俄语的辅音分为硬辅音和软辅音。硬辅音与软辅音的发音部位及方法基本相同,区别在于:发软辅音时多一个附加的发音动作,即:舌中部向硬腭抬起,唇角稍向两侧舒展。

这样,俄语中就出现了一个辅音字母可代表两个音的现象。为了清楚起见,通常给软辅

俄语

音加上一个标记 " ' "，例如：[м]—[м'],[н]—[н']。

辅音在 а, о, у, э, ы 前读硬音，在 я, ё, ю, е, и 前读软音。软硬对应的辅音共有 16 对(详见第一课《俄语辅音分类表》)。

四、软辅音 [м'],[н'],[к']

[м'],[н'],[к'] 是软辅音，对应的硬辅音是 [м],[н],[к]。软、硬辅音的最根本区别在于：舌中部向硬腭抬起，唇角稍向两侧舒展。

五、软音符号和硬音符号

俄语 33 个字母中，有两个字母不发音，即：软音符号 ь 和硬音符号 ъ。软音符号 ь 前的辅音通常读成软辅音。

软音符号 ь 在 я, ю, ё, е, и 之前还起分音作用。表示它前面的辅音和它后面的音要分开读，例如：скамья́ — ска[м'jа]。

硬音符号 ъ 也起分音作用，和软音符号的分音作用相同，例如：объём[обjом]。

试比较：ест — съест; семья́ — Съем я.

六、练习与测验

1. 听写，并标出重音。

   йод, бога́тый, даём, пою́т, моё, ми́нус, вниз, су́тки
   манья́к, отъе́зд, ого́нь, паке́т, испа́нский, ме́тод

2. 听写。

   Минск, МИД, Ни́на, Кита́й, Каза́нь, Тайва́нь, Ким

3. 听写，标调型。

   Там но́вый заво́д.　Э́то мой дом.
   Э́то мой сын.　Тут но́вый мост.
   Он у́мный.　Э́то но́вый сад.
   Я стою́ и пою́.　Я мо́ю посу́ду.
   Ма́ма и па́па пойду́т за поку́пкой.

4. 边听边译。

   有时　花园　果汁　儿子　桥　杯子　书包　黑板　宇宙　你们　水　东方　鼻子

5. 布置书写作业。

语音导论课 УРОК 4

七、课后练习答案

7. 听录音，标调型。

Я уе́ду на ю́г.¹   Они́ е́дут домо́й.¹

Э́то Ни́на.¹   Она́ на скамье́.¹

Э́то стака́н.¹   Э́то их ме́сто.¹

УРОК 5

一、音位描述

1. 硬辅音[ш],[ж],[ц]

辅音[ш]是硬辅音、清辅音，没有相对应的软辅音。发音时，前舌部抬起，中舌部下凹，后舌部向软腭抬起，双唇稍圆撮，声带不振动。教学过程中，教师要提醒学生：注意抬起前舌部。

辅音[ж]是硬辅音、浊辅音，对应的清辅音是[ш]，它们的发音方法基本相同，所不同的是：发[ж]时，声带振动。教师要提醒学生：不要把俄语的[ж]发成汉语的r("日"ri中的声母)。[ж]的舌位要比r偏前一些。

中国学生读不好的词有：ка́ждый, мо́жно, ну́жно, к сожале́нию 等。这几个词中的[ж]是硬辅音，但中国学生常常把它读成近似汉语的儿化音(er)，加上发[л, н]时，舌尖不到位，这类词就读得比较难听。矫正时，可以告诉学生：先用手捏住鼻子，这样再读这类词时，就容易避免上述错误了。

另外，字母 и, е 在 ш, ж 之后分别读成[ы], [э]音，例如：жест, шест, жив, на́ши, ножи́, уже́, маши́на。[ж]在词尾时清化，要读成[ш]，例如：муж, эта́ж。

辅音[ц]是硬辅音、清辅音。发[ц]音时，舌尖依傍下齿，前舌抵上齿背和上齿龈，构成阻塞（如发[т]状），除阻时，前舌部逐渐离开上齿背和上齿龈，构成窄缝（如发[с]状），气流经窄缝摩擦而出，形成[ц]音。

辅音[ц]没有相对应的软辅音。字母 и, е 在 ц 之后时，分别读成[ы], [э]音。

2. 软辅音[с'],[ф'],[т'],[п']

辅音[с'],[ф'],[т'],[п']是软辅音，对应的硬辅音是[с],[ф],[т],[п]。软、硬辅音的最根本区别是：舌中部向硬腭抬起，唇角稍向两侧舒展。

二、前置词和后面词的连读

前置词一般不带重音，要和后面的词连读。连读时要注意以下几个问题：

1. 一般情况下，前置词中不带重音的元音要弱化，例如：

о нас — [ʌ] нас, о вас — [ʌ] вас, обо мне́ — [ʌ]б[ʌ] мне。

2. 如果前置词是以硬辅音结尾的，后面的词又是以元音 и 开头时，那么连读时，и 读成[ы]，例如：в институ́т — в [ы]нститу́т, в ию́ле — в [ы]юле, в их до́ме — в [ы]х до́ме。

语音导论课 УРОК 5

三、词的节律

双音节词和多音节词中，重读音节中的元音读得长而重，非重读音节中的元音则读得短而弱。由于这种长短、强弱的差别而形成了词的节律。重读元音是词的节律中心。重音位置不同，词的节律也就不同。课堂上建议使用下面的形式练习元音[a], [o]的弱化和词的节律：教师读一次"节律"，学生读一个词。例如：

та́та — не́бо, та́та — Ни́на, та́та — Си́ма ...

тата́ — бана́н, тата́ — буфе́т, тата́ — вода́ ...

тата́та — апте́ка, тата́та — маши́на, тата́та — отку́да ...

та́тата — ко́мната, та́тата — му́зыка, та́тата — не́когда ...

татата́ — анана́с, татата́ — никогда́, татата́ — никуда́ ...

四、语段

一个句子往往按其意义分成若干语段。一个语段包含一个语调，语段有长有短，它表达完整或相对完整的意义。语段之间通常有短暂的停顿，书面上可用斜线"/"隔开，语段内部没有停顿，例如：

Ива́н мой сосе́д, / о нём мно́го пи́шут.

五、调型 2(1)

带疑问词的疑问句通常用调型 2 来读。

调型 2 的特点是：调型中心前部用中调，调型中心音调略有下降，词重音加强，中心后部的音调低于中心前部，例如：

Кто?   Кто э́то?

教师在黑板上标注调型时，线条务必标注在元音上方，不应标注在辅音上方。调型中心明确，曲线粗于调型 1。其它线条应平直，不应出现不该有的上升或下降。

六、练习与测验

1. 听写，并标出重音。

   ша́пка, ба́бушка, це́ны, сёмга, жи́вопись, ма́ксимум, ситуа́ция, фи́нский, тишина́, пя́тый, в институ́т, шу́тка, цуна́ми, ва́ши

2. 听写。

   Ши́шкин, Шу́ман, Пу́шкин, Ми́ша, Цинда́о, Се́на, Си́ма, Тибе́т, Тита́ник

俄语

3. 听写,并标出重音和调型。

Они́ иду́т на у́жин.¹   Они́ покупа́ют цука́ты.¹

Как вас зову́т?²   Отку́да вы?²   Куда́ они́ е́дут?²

Когда́ ты мне ку́пишь ша́пку?²

4. 边听边译。

5月 回家 新的 富有的 南方 地方 一分钟 电影院 6月 高的 他们 天空

5. 布置书写作业。

七、课后练习答案

10. 听录音并跟读,注意前置词的读法。

к Ива́ну — к [ы]ва́ну, в году́, за водо́й — з[ъ] водо́й, на катке́ — н[ъ] катке́, о вас — [ʌ] вас, с Анто́ном — [сʌн]то́ном, у доски́

УРОК 6

一、音位描述

1. 辅音[p]

辅音[p]是硬辅音、浊辅音。发[p]时,舌尖轻轻抬起,靠近上齿龈后沿,前舌部抬起,中舌部下凹,呼出的气流冲击舌尖,使舌尖上下颤动,发出颤音。发音时,声带震动。

有些学生发不出这个音,主要原因是舌头过于紧张。如果放松,一般都可以发出[p]音。教师纠正发音时,不妨分散学生的注意力(例如,"指出"学生读 трамвáй 一词时,а 开口不够大等"不足"),教师示范(仿佛是在"纠正 а 开口不够大的毛病"),学生模仿,一旦注意力转移,往往可以较快地掌握[p]的发音。

初学者最好从 тра, травá, трамвáй 等以塞音开头的音或词练起,不建议练单音。

另外,[p]在不同的位置上,颤动的次数是不同的:在词尾颤动三四次,在元音之间一次,在其他位置上一两次。不要强求一致。

二、软辅音后[а],[э]的弱化

元音[а],[э] 在软辅音后(字母 я、е)也要发生弱化。弱化的规则更加繁琐。今天,随着现代俄语语音学研究的不断深入,对音位的描述更加科学,音标的使用更加规范。但用仪器测出的"……之间的音"仅凭耳朵判断是很困难的。要有效地判断弱化是否正确,还是应以弱化的基准音——元音[и]为准。教学中,教师可以为学生划定这样一个标准:

1. 第一级弱化:

重音前第一音节中的[а]要发近似于[и]的音,标音时用[и]表示。

2. 第二级弱化:

重音前第二、三音节及重音后的音节发比[и]更短、更弱的音,标音时用[ь]表示。

当[а],[э]位于词尾时,弱化程度会有所减弱。而当[э]位于词首且不带重音时,发近似于[ы]的音。

学生通常不注意元音[а],[э]在软辅音后的弱化,常常将[и]或[ь]读成了[а]。经常读错的词有:девянóсто, дéвять, дéсять, объясни́ть 等。

三、清、浊辅音的对应

通过查阅《俄语辅音分类表》,可以找到 12 对清、浊辅音对应的辅音。了解这些相互对应的辅音对学习清、浊音的同化非常有帮助。

四、清、浊辅音的同化

清辅音和浊辅音在一定条件下互相转化,称为清、浊辅音的同化。清、浊辅音的同化规则如下:

1. 浊辅音清化——浊辅音在词末尾时要发成相对应的清辅音(见第 2 课);位于清辅音前的浊辅音要发成相对应的清辅音;
2. 清辅音浊化——位于浊辅音前的清辅音要发成相对应的浊辅音;
3. 清辅音在浊辅音[м],[м'],[н],[н'],[р],[р'],[л],[л'],[j]前不浊化;
4. 浊辅音[в],[в']在清辅音前或词末尾要清化,但清辅音在[в],[в']前不浊化;
5. 前置词与后面的词连读时,同样遵循上述的同化原则。

五、调型 2(2)

调型 2 常用在表示称呼、问候、告别、致谢、道歉以及表示请求、建议、祝愿等意义的祈使句中。对话中的应答句亦可用调型 2,因为下降的语调均可表示语义完整。

教师在黑板上标注调型时,线条务必标注在元音上方,不应标注在辅音上方。调型中心明确,曲线粗于调型 1。其它线条应平直。不应出现不该有的上升或下降。

六、练习与测验

1. 听写,并标出重音。

   вопро́с, е́вро, наро́д, доро́га, ко́рпус, со́рок, знамени́тый

   пе́сня, во́семь, буфе́т, поэ́т, аэропо́рт, проду́кт, тигр, страна́

2. 听写。

   Ира́к, Евро́па, Кана́да, Магада́н, БАМ, Ка́тя, Дон, Москва́, Пе́тя

3. 听写,并标出调型。

   До́брое у́тро!   Прости́те!   Откро́й рот!   Пора́ рабо́тать!   Спаси́бо!

4. 听写对话,并标出调型。

   1) —Ка́тя! Закро́й окно́!
      —Хорошо́.

   2) —Пе́тя! Осторо́жно!
      —Не беспоко́йся.

   3) —Пора́ е́хать!
      —Хорошо́.

   4) —Куда́ нам идти́?
      —Туда́.

语音导论课 УРОК 6

5. 边听边译。

象棋 汽车 每一个 需要 晚饭 蓝色的 出租车 父亲 文章 药店 百事可乐 啤酒 成绩

6. 布置书写作业。

七、课后练习答案

5. 听录音并跟读，注意调型2的用法。

1) —Познако́мьтесь, / э́то мой брат Ва́ня. （建议；陈述）
   —Же́ня. （应答）

2) —Попро́буй арбу́з. （建议）
   —Спаси́бо. （致谢）

6. 听录音、跟读，并标调型和语段。

1) —Ю́ра хоро́ший экскурсово́д. （陈述）
   —Нет, вы не пра́вы! （应答，亦可以用调型1）

2) —Нам ну́жно отдохну́ть. （建议）
   —Да, вы пра́вы. （应答）

3) —Пе́тя, не опозда́й в теа́тр! （呼语；提醒）
   —Не беспоко́йся, / не опозда́ю! （应答）

21

УРОК 7

一、音位描述

软辅音[г'],[д'],[б'],[в'],[з']

[г'],[д'],[б'],[в'],[з'] 是软辅音，对应的硬辅音是[г],[д],[б],[в],[з]。清、浊不分是学生常犯的错误。

二、某些辅音音组的读法(1)

俄语中，有一些辅音音组在发音时特殊，需单独记忆：

тц, дц, тьс 发成长音[ц̄]（辅音字母上方的横线表示：辅音是长音）；

тс, дс 发成[ц]音；

ого, его 中的 г 读作[в]音；

сж, зж, сш, зш 在词素交界处发长音、硬音[ж̄]和[ш̄]（辅音字母上方的横线表示：辅音是长音）；

вств 读作[ств], **стн** 读作[сн], **здн** 读作[зн]；

两个相连的相同辅音发长音。

三、调型3(1)

不带疑问词的疑问句通常用调型3来读。

调型3的特点：调型中心前部用中调，调型中心的音调急剧升高，中心后部的音调快速下降，并低于中心前部的音调，例如：

Это Ка́тя?   У тебя́ есть де́ньги?

读调型3时易犯的错误：调型中心的音调升得不够高，个别学生中心后部的音调又降得不够深。此时教师应及时纠正。

四、调型中心位置的改变

调型中心是一个语段中语调发生明显变化的音节，是调型必不可少的组成部分。它的音调高低、走向是区分调型的重要手段之一。调型中心既是语调的中心，也是句子意义的中心。

语音导论课 УРОК 7

根据句子意义的不同,它可以位于句子的开头、中间及末尾。随着调型中心的转移,句子的语义也会发生变化。

五、练习与测验

1. 听写,并标出调型。

   —Как теб$\overset{2}{я}$ зовут?

   —В$\overset{1}{и}$ктор.

   —Мне нужно сход$\overset{1}{и}$ть в ОВИР.

   —И$\overset{2}{д}$ите.

2. 听写。

   Германия, Вена, ОВИР, Азия, Пекин, Зимний дворец, Харбин

3. 正确读出下列单词。

   отца́, занима́ться, девятьсо́т, де́тский, городско́й, но́вого, си́него, сжать, уезжа́ть, с шу́мом, здра́вствуй, изве́стный, по́здно, ка́сса, Анна

4. 边听边译。

   兄弟　朋友　玫瑰　山　欧元　市场　国家　早晨　著名的　明天　公共汽车　错误　考试　导游　飞机场

5. 听写,并标出调型。注意调型中心的位置。

   Она пьёт в$\overset{3}{о}$дку?　　Это моя в$\overset{3}{и}$за?

   $\overset{3}{А}$нна дома?　　К$\overset{3}{а}$тя едет в Пек$\overset{3}{и}$н?

   Они иду́т домо́й?　　Это моя в$\overset{3}{и}$за?

   —$\overset{3}{Э}$ти иностра́нцы е́дут в Харби́н?

   —Д$\overset{1}{а}$, / $\overset{1}{э}$ти.

   —Вино́ вку$\overset{3}{с}$ное?

   —Вк$\overset{1}{у}$сное. Попроб$\overset{2}{у}$й!

6. 布置书写作业。

六、课后练习答案

11. 听录音，标重音、调型。

1) —Вы знакóмы с Зи́ной?³

—Да.¹

—Кем² рабóтает её муж?

—Её муж физи́к.¹

2) —Дóбрый² день! Ви́тя дóма?³

—Нет,² / егó нет.¹

—Где² он?

—По-мóему, в пáрке.¹

12. 听录音并跟读，注意调型中心的改变所引起的语句意义上的变化。

1) Это твоя́³ маши́на?　　(Да, э́то.)¹

　Это твоя́³ маши́на?　　(Да, моя́.)¹

2) Дед идёт в магази́н?³　　(Да, в магази́н.)¹

　Дед³ идёт в магази́н?　　(Да, дед.)¹

3) Онá е́дет на метрó?³　　(Да, на метрó.)¹

　Онá³ е́дет на метрó?　　(Да, онá.)¹

4) Гéна рабóтает в ци́рке?³　　(Да, в ци́рке.)¹

　Гéна³ рабóтает в ци́рке?　　(Да, Гéна.)¹

5) Завтра у тебя́ бу́дет свáдьба?³　　(Да, зáвтра.)¹

　Зáвтра³ у тебя́ бу́дет свáдьба?　　(Да, у меня́.)¹

6) Они́ тебя́³ ждут?　　(Да, они́.)¹

　Они́ тебя́³ ждут?　　(Да, меня́.)¹

УРОК 8

一、音位描述

软辅音[ч'],[ш'],[р'],[х']

辅音[ч']是清辅音，软辅音。发音时，舌中部向上抬起，舌前部紧贴上齿龈，构成阻塞，双唇稍向前伸，稍圆撮。发音时，声带不振动。[ч']没有相对应的浊辅音、硬辅音。

辅音[ш']是软辅音，清辅音，长音。发音时，舌前部与齿龈后沿构成缝隙。舌中部向上腭抬起，舌尖略向前伸。

辅音[р'],[х']是软辅音，对应的硬辅音是[р],[х]。

二、某些辅音音组的读法(2)

俄语中某些辅音音组的读法比较特殊，需单独记忆：

чт 读成[шт], чн 读成[шн]；(注意：чт 只在 что 及其派生词中发[шт]；чн 只在 конéчно, скýчно, нарóчно 等少数词中发作[шн]。)

рдц 读成[рц], лнц 读成[нц]；

сч, зч 读成[ш'], стл 读成[сл]；

тч, дч 读成[ч']；

гк 读成[хк], гч 读成[хч']。(注意：гк, гх 只在 мя́гкий, лёгкий, мя́гче 及同根词中发[хк],[хч']。)

дн 读成[дн], тн 读成[тн]；(注意：读[дн],[тн]时要一次除阻。)

жч 读作[ш']。

一些单词中，双辅音字母永远发单音，例如：бассéйн, профéссор, коллéга, коллектúв, миллиóн, профéссия, режиссёр, граммáтика, тéннис, коммунúст 等。需要单独记忆。

三、辅音[л],[л']

辅音[л]是硬辅音、浊辅音。发音时，舌尖抵上齿背及上齿龈，形成阻塞，同时后舌部向软腭抬起，中舌部下凹，整个舌体呈勺状。声带振动，气流通过舌两侧的缝隙而出。

辅音[л']是软辅音，对应的硬辅音是[л]。发音时，舌尖顶住上齿龈，中舌抬高，贴住硬腭前缘。后舌部自然下落。声带振动。

四、调型 3(2)

调型 3 除用于不带疑问词的疑问句中,还用于重问句和反问句中。

五、练习与测验

1. 正确读出下列单词的读音。

   днём, счёт, что, счáстье, счётчик, считáть, чтобы, скýчно, скýчный, грýстный, мя́гкий, прáздник, óпытный, сéрдце, трýдно, трýдный, конéчно, мужчи́на, однáжды, сегóдня, томáтный, рассскáзчик

2. 听写。

   Чéхов, Вóлга, Чёрное мóре, Амéрика, Чéхия, Тáня, Большóй теáтр, «Лебеди́ное óзеро», Читá

3. 听写,并标出调型。

   —Что э́то за дéрево? (2)

   —Это берёза. (1)

   —Мóжно мне томáтный сок? (3)

   —Да, / конéчно. (2/2)

   —Кто э́тот мужчи́на? (2)

   —Наш экскурсовóд. (1)

4. 边听边译。

   孩子们　公园　钱　大学生　春天　冬天　水果　演员　护照　咖啡 }在哪里?
   你叫什么名字?　您好!　你尝一尝!

5. 布置书写作业。

六、课后练习答案

9. 听录音并跟读,标调型。

   1) —Кудá поéдешь на лéтние кани́кулы? (2)

   　—Кудá поéду на лéтние каникулы? Домóй. (3 / 1)

2) —Ле́ночка,² / здра́вствуй!² Как успе́хи?²

—Спаси́бо,² / неплохи́е.¹ Зака́нчиваю учи́лище.¹

—А куда́² пойдёшь учи́ться пото́м?

—Хочу́ в консервато́рию.¹

—Куда́?³

—В консервато́рию.²

УРОК 9

一、元音[a],[o],[э]在[ж],[ш],[ц]后的弱化

元音[a],[o]在[ж],[ш],[ц]后重音前的第一个音节里发[ʌ]音,在其他非重读音节里读成比[ʌ]音更短、更弱的[ъ]音;

元音[o],[э](书写时为字母 e)在硬辅音[ж],[ш],[ц]之后的弱化规则如下:
1. 在重音前第一音节发成[ы]与 [э]之间的音,标音时用[ыᵊ]表示;
2. 在重音前其他音节和重音后的音节里发成[ъ]音。

二、带 и́ли 的选择疑问句语调

带 и́ли 的选择疑问句分成两个或两个以上语段。通常 и́ли 之前的语段用调型 3 读,之后的语段用调型 2 读。

三、调型 4(1)

调型 4 常用于带对别意义的疑问句中。这种疑问句通常以对别连接词 a 开头。调型 4 的特点是:调型中心前部用中调,调型中心的音调由下降转为平稳上升,调型中心后部的音调高于调型中心和中心前部,例如:

四、练习与测验

1. 听写,并标注调型。

1) —Что́² ты хо́чешь, / ко́фе³ /и́ли² чай?

—Ко́фе,¹ / с са́харом.¹

—А Ле́на?⁴

—Ко́ка-ко́лу.¹

2) —Фе́дя из Москвы́?³

—Да.¹

语音导论课 УРОК 9

—А И́ра?⁴

—Она́ из Ирку́тска.¹

2. 听写。

Са́ша, Ми́ша, Ната́ша, Ле́на, Фе́дя, Ира, Шанха́й, Ирку́тск, Ве́ра, Зо́я, Зи́мний дворе́ц

Как тебя́ зову́т?² Попро́буйте!² До́брый день!² Так себе́.² Извини́те.²

3. 正确朗读下列词汇。

жена́, шесто́й, цена́, целико́м, то́же, на́ше, жизнь, жи́дкий, ци́фра, широ́кий, широта́, а́кция, мотоци́кл, медици́на, широ́кие у́лицы, в ми́ре живо́тных, ря́дом с ци́рком

4. 边听边译。

小时 谁的 女儿 夜里 经常 眼镜 妇女 河 时间 黄瓜 桌子 牛奶 钥匙
电梯 夏天 红茶 黑海 年轻人 天鹅湖 大剧院

5. 布置书写作业。

五、课后练习答案

4. 听录音，标调型。

1) —Что но́вого?²

 —Ната́ша прие́дет на дня́х.¹

 —Когда́?²

 —В суббо́ту.¹

2) —Осторо́жно!² Там опа́сно!²

 —Опа́сно?³ Почему́?²

 —Там ремо́нт!²

3) —Кто исполня́ет пе́сню?²

 —Петро́в.¹

 —Кто?³

 —Петро́в,¹ / арти́ст Большо́го теа́тра.¹

4) —На како́м языке́ вы говори́те?² На ру́сском¹ / и́ли на францу́зском?²

 —Коне́чно, на ру́сском.²

29

5) —Ма́ша,² / кто² звони́л мне ве́чером?

—А́лла.¹

—А Да́ша?⁴ Она́ мне не звони́ла?³

—Нет.¹

6. 听录音并跟读，标出调型。

Тост（祝酒辞）

В на́ших рука́х бока́лы,¹ / в них сок земли́ и жар со́лнца.¹ Я жела́ю,² / что́бы они́ влива́лись в вас мо́лодостью и здоро́вьем,² / а в же́нщин³ / — красото́й.¹

我们手握酒杯，杯中是大地的汁液和太阳的烈焰。我愿它们化作青春和健康溶入你们（在座男士们）的体内，化作美丽注入女士们的心田。

УРОК 10

一、调型 4(2)

表示查询和要求的疑问句用调型 4 读。

二、未完结语调和完结语调

未完结语调用于语义未完结的语段，表示语句未结束。未完结语调的主要表达手段是升调(调型 3,调型 4 等)以及较短的停顿。

完结语调用于语义完结的句末语段，其主要表达手段是降调(调型 1 和调型 2)及较长的停顿。

三、俄罗斯人的名字和父称的读音特点

当名字与父称连用时，常见的俄罗斯女性父称中的 -ее 只发一个[e]音，-ае 只发一个[a]音，非重读的 -ов, -ев 不发音；

俄罗斯男性父称中，非重读的后缀 -ович 通常读成[ыч], -евич 读成[ич]。

四、俄语的词类

俄语的词类分为十类：

1. 名词　　2. 动词　　3. 形容词　　4. 代词　　5. 数词
6. 副词　　7. 前置词　　8. 连接词　　9. 语气词　　10. 感叹词

前 6 种为实词，后 4 种为虚词。前 5 种为变化词类，后 5 种为不变化词类。

五、练习与测验

1. 听写，标调型。

Он прие́хал из Фра́нции,³ / а я¹ / — из Шве́ции.¹

Моя́ сестра́ у́чится в Пари́же,³ / а я³ / — в Москве́.¹

Она́ прие́хала из А́нглии,⁴ / а я³ / — из Ита́лии.¹

Как то́лько верну́сь, / сра́зу тебе́ позвоню́.
                3   1

2. 听写。
Пари́ж, Ирку́тск, Шанха́й, Са́ша, Ле́на, Ната́ша, Фе́дя, Аме́рика, Герма́ния, Азия

3. 边听边译。
街道 宾馆 花 生命 父母 大学 火车站 医院 对面 在这里 新鲜的 宽阔的 年长的
你不会后悔的。 大一点儿声说！ 我努(尽)力吧！ 越多越好。 您感觉如何？

4. 按词义排序, 补上缺少的词。
оди́н, два́дцать, два, пятна́дцать, четы́ре, шесть, семна́дцать, трина́дцать, шестна́дцать, де́сять, четы́рнадцать, три, семь, восемна́дцать, пять, девятна́дцать, во́семь, оди́ннадцать

5. 布置书写作业。

六、课后练习答案

2. 听录音并跟读, 标调型。
—Здра́вствуй, Са́ша!
         2
—Здра́вствуй, Алексе́й!
         2
—Как дела́?
       2
—Отли́чно. Ты отку́да?
    2   2
—Из турбюро́. А ты?
      1   4
—Я был на вы́ставке.
            1

4. 听录音, 标调型。
—Пётр Никола́евич, / здра́вствуйте!
   2   1
—Здра́вствуйте, Ива́н Ива́нович. Как поживаете?
    2   2
—Спаси́бо, / хорошо́. А вы?
    2   2   4
—То́же хорошо́. Я сейча́с живу́ в дере́вне.
                     3   1
—В дере́вне? Ну и как?
    3   3
—Отли́чно. Недалеко́ большо́й лес.
    2   2   1
—У вас там есть река́?
              3

语音导论课 УРОК 10

—Да,[²] / у нас есть небольша́я река́.[²] В дере́вне сейча́с хорошо́.[²]

5. 听录音，标调型。

Дорого́й[²] Я́ша!

Не забу́дь закры́ть[³] на замо́к не то́лько две́ри,[²] / но и о́кна. Бы́ло мно́го слу́чаев,[³] / когда́ во́ры попада́ли в кварти́ру че́рез откры́тые[³] о́кна[²] и́ли / балко́ны.[³] Наде́юсь,[³] / что уви́димся за́втра ве́чером.[¹]

Алёша.[¹]

6. 听写对话，标调型。

1) —Ско́лько вре́мени?[²]

—Шесть часо́в.[¹]

—Уже́[³] шесть часо́в? (и́ли: Уже́ шесть часо́в?[³]) Мы опа́здываем.[¹]

2) —Приве́т, Са́[²]ша!

—Здра́вствуй, Лю́ба!

—Куда́ лети́[²]шь?

—В Шанха́й на кани́кулы.[¹]

—А почему́ не на о́стров Хайна́нь?[⁴]

—В про́шлом году́ я уже́ был там.[¹]

7. 读下列单词，指出它们的词类。

а́вгуст, авто́бус, анана́с, ве́тер, вели́кий, вку́сный, высо́кий, зелёный, я, ты, он, мы, наш, ваш, тот, како́й, ти́хо, хорошо́, три, четы́ре, до, по́сле, и, е́сли, ой, ви́деть, идти́, писа́ть, слу́шать, чита́ть, занима́ться

(名词：а́вгуст, авто́бус, анана́с, ве́тер 动词：ви́деть, идти́, писа́ть, слу́шать, чита́ть, занима́ться 形容词：вели́кий, вку́сный, высо́кий, зелёный 代词：я, ты, он, мы, наш, ваш, тот, како́й 数词：три, четы́ре 副词：ти́хо, хорошо́ 前置词：до, по́сле 连接词：и, е́сли 语气词：ли 感叹词：ой)

УРОК 11

一、调型 5

调型 5 一般用在 как, какóй, скóлько 等词开头的表达评价意义的感叹句中。调型 5 有两个语调中心。调型中心前部用中调,在第一个调型中心上,声调上升;在第二个中心上,声调下降,中心后部声调低于中调。

Какáя прéлесть!   Скóлько цветóв!

二、列举语调和对别语调

陈述句中的同等成分通常用列举语调表达,列举语调的主要表达手段是语段的切分和调型的选择。

列举语调可使用调型 1,调型 2,调型 3,调型 4,选用哪种调型与语体有关。日常谈话中多用调型 3,事务性的谈话中多用调型 4。一般叙述时可以用调型 1,加重语气时可以用调型 2。另外,在列举成分前面有冒号时,冒号前面的词要用调型 1 读。

对别语调通常用于带对别连接词 a 的句子中。

读这种句子时,在对别连接词 a 前稍作停顿,停顿前可使用调型 1,也可用调型 3 或调型 4。停顿后的句末语段用调型 1。停顿前使用调型 3 或调型 4 时,旨在突出前后两部分的对别关系。

三、语音小结

元音:

俄语中有六个元音,即:[a],[o],[y],[ы],[э],[и] (я, ё, ю, е 是元音字母)。

辅音:

辅音有 37 个。辅音按发音时声带震动与否,分为清辅音和浊辅音。其中有 12 对辅音是清、浊相对应的,即:

[п]—[б]   [п']—[б']   [ф]—[в]   [ф']—[в']   [к]—[г]   [к']—[г']

语音导论课 УРОК 11

[т]—[д]　　　[т']—[д']　　　[с]—[з]　　　[с']—[з']　　　[ш]—[ж]　　　[ш']—[ж̄']

另外，清辅音[х],[х'],[ц],[ч]没有相对应的浊辅音，辅音[j],[м],[м'],[н],[н'],[р],[р'],[л],[л']没有相对应的清辅音。

按发音时舌中部是否向硬腭抬起，辅音又分为硬辅音和软辅音。其中有16对辅音是硬、软相对应的。正因俄语中出现了硬、软相对的辅音，才出现了一个俄语字母代表两个音的现象，这就是俄语字母少，音多的原因。16对硬、软相对应的辅音是：

[п]—[п']　　　　[б]—[б']　　　　[ф]—[ф']　　　　　[в]—[в']
[т]—[т']　　　　[д]—[д']　　　　[с]—[с']　　　　　[з]—[з']
[к]—[к']　　　　[г]—[г']　　　　[х]—[х']　　　　　[м]—[м']
[н]—[н']　　　　[р]—[р']　　　　[л]—[л']　　　　　[ж]—[ж̄']

[ш], [ц]永远是硬辅音；[ч'],[ш̄']永远是软辅音；[j]永远是软辅音。另外，在现代俄语中，жж, зж有两种发音：或读[ж̄'],或读 [ж̄]。[ж̄']是旧莫斯科发音标准。一些教科书中称俄语中有36个辅音，就是没有列入[ж̄']的缘故。至此，我们归纳了全部37个辅音。

从这个小结里我们可以得出这样一个结论：俄语中的31个发音的字母代表43个音：6个元音，37个辅音。

四、辅音与元音的拼读和拼写

硬辅音   **软辅音**

ба	бо	бу	бы	бэ		бя	бё	бю	би	бе
ва	во	ву	вы	вэ		вя	вё	вю	ви	ве
га	го	гу	—	—		—	—	—	ги	ге
да	до	ду	ды	дэ		дя	дё	дю	ди	де
жа	жо	жу	жи	же						
за	зо	зу	зы	зэ		зя	зё	зю	зи	зе
ка	ко	ку	—	—		—	—	—	ки	ке
ла	ло	лу	лы	лэ		ля	лё	лю	ли	ле
ма	мо	му	мы	мэ		мя	мё	мю	ми	ме
на	но	ну	ны	нэ		ня	нё	ню	ни	не
па	по	пу	пы	пэ		пя	пё	пю	пи	пе
ра	ро	ру	ры	рэ		ря	рё	рю	ри	ре
са	со	су	сы	сэ		ся	сё	сю	си	се
та	то	ту	ты	тэ		тя	тё	тю	ти	те
фа	фо	фу	фы	фэ		фя	фё	фю	фи	фе
ха	хо	ху	—	—		—	—	—	хи	хэ
ца	цо	цу	цы	це		—	—	—	—	—
—	—	—	—	—		ча	чё	чу	чи	че
ша	шо	шу	ши	ше		—	—	—	—	—
—	—	—	—	—		ща	щё	щу	щи	ще

> 注

ж, ч, ш, щ 后面不写 ы 而写 и, 不写 ю 而写 у, 不写 я 而写 а, 不写 э 而写 е。

五、元音弱化小结

硬辅音后元音[a],[o]（书写字母是 a, o）的弱化

重音前其他音节	重音前第二音节	重音前第一音节	重音音节	重音后的音节
[ъ]	[ъ]	[ʌ]	[a] [o]	[ъ]

> 注

词首的[a],[o]只弱化到一级，例如：аппетит, аудитория, официант, огурец。

软辅音后元音[a],[o]（书写字母是 я, е）的弱化

重音前其他音节	重音前第一音节	重音前第一音节	重音音节	重音后的音节
[ь]	[ь]	[и]	[a] [o]	[ь]

> 注

软辅音后的[a],[o]写作 я 和 е。词首的 я 弱化到一级，例如：языковед。词末尾的 я 受语法意义等的制约，弱化经常不明显，例如：аудитория，деревня，здания。

复习软辅音后元音[a],[o]的弱化时，注意类似于下面一些词的读音：

часы, часов, пяти, девять, десять, объяснять, обязательно, поняла, в ноябре, девятнадцать, меня

词首的 э 不带重音时，发近似于[ы]的音，口语中可以发近似于[и]的音，例如：этаж — [и]таж。

六、名词的性

名词的性通常根据单数第一格的结尾形式来确定，分为阳性，阴性，中性三类：

1. 动物名词(表人和动物)可以根据自然属性判断属性；
2. 阳性名词通常以硬辅音，-й, -ь结尾；
3. 阴性名词通常以-а, -я, -ь结尾；
4. 中性名词通常以-о, -е, -ие, -мя 结尾；

语音导论课 УРОК 11

5. 判定以 ь 结尾的名词属性的一些方法：
   1) 表人的名词基本属阳性，只有个别词按自然属性划为阴性；
   2) 表月份的名词全属阳性；
   3) 表抽象概念的名词基本属阴性；
   4) 具有集合意义的名词基本属阴性；
   5) 以 -ость 结尾的名词属阴性，例如：но́вость；
   6) -ь 前为 ж, ч, ш, щ 的名词，基本是阴性；
   7) 以 -арь 结尾的名词基本是阳性。

七、练习与测验

1. 判定下列名词的性（可由教师朗读，学生边听边判断）。
   врач, бельё, вода́, бассе́йн, де́ло, биле́т, де́вушка, вокза́л, пого́да, музе́й, вре́мя, по́езд, зда́ние, теа́тр, апте́ка, и́мя, авто́бус, пя́тница, аэропо́рт, о́зеро, экску́рсия, магази́н, не́бо, рестора́н, окно́, самолёт, кни́га, теплохо́д, ви́за, велосипе́д, гости́ница, река́, здоро́вье, ме́сто, май, тамо́жня, пи́во

2. 听写。
   Красноя́рск, Владивосто́к, Санкт-Петербу́рг, День Побе́ды
   С Но́вым го́дом!

3. 边听边译。
   姓 大的 名字 票 俄罗斯的 工程师 老师 超市 漂亮的 司机 快 她的 伟大的
   亲爱的客人们，请入座。 这种天气最好呆在家里或者去看电影。 你在哪儿出生的？

4. 按词义排序。
   ию́ль, ноя́брь, май, янва́рь, март, октя́брь, апре́ль, ию́нь, сентя́брь, февра́ль, дека́брь, а́вгуст

5. 布置书写作业。

八、课后练习答案

4. 听录音并跟读，标调型及语段。

   1) —Что бу́дет сего́дня по телеви́зору?
      —Не зна́ю. У тебя́ есть програ́мма?
      —Да. Но где же она́? И́ра, / где газе́та?

—На столе́.

—Да, / вот она́. Сейча́с де́тская переда́ча, / а пото́м фильм.

—Дава́й посмо́трим фильм.

2) —Где вы бу́дете отдыха́ть ле́том?

—Мы хоти́м пое́хать в дере́вню.

—Что вы там бу́дете де́лать?

—Там река́. Бу́дем пла́вать, загора́ть, гуля́ть в лесу́.

5. 听录音，标调型。

—Скажи́те, пожа́луйста, / как мне дое́хать до кинотеа́тра «Росси́я»?

—На авто́бусе / и́ли на метро́.

—Како́й авто́бус идёт до кинотеа́тра?

—Пя́тый.

—А где ближа́йшая остано́вка авто́буса?

—На у́лице Дми́триева. Пря́мо о́коло ста́нции метро́.

6. 听录音，标调型和语段。

Како́й пода́рок я хочу́ получи́ть? Наве́рное, / путёвку... да, / путёвку, туристи́ческую путёвку / за грани́цу на Рождество́. Очень люблю́ быва́ть в ра́зных стра́нах, / но не то́лько для того́, / чтобы познако́миться со страно́й, города́ми, архитекту́рой. Очень мне нра́вится узнава́ть национа́льные тради́ции, осо́бенно как пра́зднуются пра́здники, как лю́ди веселя́тся и отдыха́ют, что едя́т и пьют. Это о́чень интере́сно. Давно́ хочу́ посмотре́ть, / как встреча́ют Рождество́ Христо́во в Иерусали́ме, / на ро́дине Христа́. Хочу́ посмотре́ть, как кита́йцы прово́дят пра́здник Весны́. Вот э́то и бы́л бы для меня́ лу́чший пода́рок.

7. 听录音并跟读，标调型。

—Де́вушка, мне ну́жно пое́хать в Шанха́й. Скажи́те, пожа́луйста, / когда́ бу́дет самолёт?

—В Шанха́й? Рейс №32 (но́мер три́дцать два), / в 19:30 (девятна́дцать три́дцать).

—А где мо́жно купи́ть биле́т?

УРОК 11

—Ка́сса напра́во.
—Благодарю́ вас.

9. 听录音，跟读，并说出下列单词的词性。

клуб, курс, май, март, дека́брь, дека́н, доска́, доце́нт, дя́дя, зда́ние, ко́рпус, мо́ре, моря́к, музе́й, по́лка, ре́ктор, слова́рь, тетра́дь, язы́к, уче́бник, де́вушка, мужчи́на, профе́ссор, учи́тель, факульте́т, ю́ноша, библиоте́ка, общежи́тие, преподава́тель, аудито́рия

(阳性：клуб, курс, май, март, дека́брь, дека́н, доце́нт, ко́рпус, моря́к, музе́й, ре́ктор, слова́рь, язы́к, уче́бник, мужчи́на, профе́ссор, учи́тель, факульте́т, ю́ноша, преподава́тель　阴性：доска́, по́лка, тетра́дь, де́вушка, библиоте́ка, аудито́рия　中性：зда́ние, мо́ре, общежи́тие)

УРОК 12

一、部分外来词的读法

外来词的读法有其自身的特点,读时要特别注意。
1. 非重读音节中元音[o]的发音:
   某些外来词和某些外国人名中的[o]音,在非重读音节中不发生弱化;
2. 元音字母 e 前辅音的发音:
   某些外来词中的辅音在 e 前读硬音。这类辅音大多是[т],[д],[н],[с],[з]和[р];
3. 辅音音组 дж 的发音:
   外来词中的字母组合 дж,读作[žж](近似于汉语的 zhi)。音标[ž]表示该音应发成[d͡ж] 音。符号[⌒]表示两个字母连贯发音。

二、调型 6

调型 6 用于感叹句,有鲜明的感情色彩,常用于日常生活交际中。句中可以用 какой, как, сколько 等词,也可以不用。

调型 6 的中心前部用中调,调型中心平稳上升,调型中心后部持续上升。

Какое прозрачное море!

三、语调小结

调型 1 用于:
1. 陈述句末尾;
2. 列举人或事物。

调型 2 用于:
1. 带疑问词的疑问句中;
2. 打招呼、问候、告别、致谢、致歉、祝愿、要求、命令、建议、警告;
3. 应答句中;
4. 带 или 的选择疑问句末尾语段中;
5. 列举人或事物。

语音导论课 УРОК 12

调型 3 用于：

1. 不带疑问词的疑问句中；
2. 列举人或事物；
3. 连接词 и́ли 之前的语段中；
4. 对比连接词 a 之前；
5. 重问句中；
6. 反问句中；
7. 未完结的非句末尾语段中。

调型 4 用于：

1. 带对别连接词 a 的疑问句中；
2. 表示查询或要求的疑问句中；
3. 列举人或事物；
4. 对别连接词 a 之前。

调型 5 用于：

1. 陈述时，表达强烈特征；
2. 表示愿望的祈使句中，表示强烈愿望、遗憾、"更愿意"的意义。

调型 6 用于：

1. 有代词的句子中，表达强烈的特征。与调型 5 不同的是，调型 6 经常在日常生活交际中使用；
2. 没有代词和语气词的句子中，表达评价意义。

四、形容词的性和复数

形容词有性、数的变化，与名词连用时，必须同名词的性、数保持一致。形容词的词尾基本上可分为硬变化和软变化两大类。硬变化是 -ый (阳性)，-ая (阴性)，-ое (中性)；软变化是 -ий (阳性)，-яя (阴性)，-ее (中性)。但要注意：

1. 硬变化的词，如果重音在词尾，则阳性不是 -ый，而是 -ой；
2. 在 г, к, х 和 ж, ш, ч, щ 之后不能写 -ы 或 -я，而要分别写 -и 或 -а。

五、《俄语字母表》РУССКИЙ АЛФАВИТ

在语音导论课即将结束之前，学习一下《俄语字母表》是非常必要的。首先，我们可以见到字母表中的字体分为手写体(пи́сьменная бу́ква)和印刷体(печа́тная бу́ква)；其次，我们可以看到每一个字母都有自己的，不同于发音的名称。只有正确掌握俄语字母的名称，才能正确读出缩写词的读音，例如：СССР [эсэсэсэр], МГУ [эмгэу] 等；第三，了解了俄语字母的顺序，才能顺利地从字典中查找到所要查找的单词。背诵字母是每个学习俄语的学生必须做的事

俄语

情。

　　本册教材《俄语字母表》中的手写体是较为传统的手写体,而语音课字帖里所使用的手写体是比较现代的手写体。这样安排的初衷是告诉学生:目前,这两种字体是并存的,不存在对错的问题。学生如果想学习俄语美术字,则应从传统手写体学起。

　　俄语中有3个字母是不能作为单词开头字母的。它们是:ъ, ы, ь。因此,它们没有对应的大写字母。以字母й开头的词汇,数量极为有限,几乎都是外来词,例如:йод, йог, йо́гурт。从这个角度看,尽管й有大写形式,但可以看做是不能作为俄语本族语词汇开头的字母。

六、练习与测验

1. 正确朗读下列词汇。

    кака́о, ра́дио, оте́ль, бутербро́д, пюре́, фойе́, джи́нсы

    джем, кафе́, интервью́, бифште́кс, пле́йер, джи́нсы, ко́фе

2. 听写。

    «Вишнёвый сад», Ма́лый теа́тр, Истори́ческий музе́й, Байка́л, Большо́й теа́тр

    Са́ша пое́дет в А́нглию и́ли в Ита́лию?

    Я ви́дел и Ма́шу, / и Та́ню, / и Наша́шу, / и Зи́ну.

3. 判定下列形容词的性和数(可由教师朗读,学生边听边判断)。

    бе́лый, больша́я, вку́сное, жа́ркие, жёлтый, кра́сная, ма́лое, ни́зкие

    плоха́я, си́ний, сре́дние, тёплое, у́зкая, чёрные, весёлый, высо́кая

    голубо́й, дешёвая, дороги́е, зелёное, ма́ленькая, прохла́дные, холо́дное

4. 边听边译。

    ① 太阳　北方　录音机　游泳池　博物馆　飞机　楼房　葡萄　1月　西瓜　医生　鸡蛋

    　　早餐吃了什么?　公事公办。　活到老,学到老!　三思而后行。

    ② 咖啡馆　苹果　计算机　到处　教室　白色的　温暖的　贵重的　寒冷的　漂亮的　热

    　　万事如意!　别吵了!　请进!

5. 查字典按词义排顺序。

    суббо́та, четве́рг, вто́рник, пя́тница, воскресе́нье, среда́, понеде́льник,

    о́сень, ле́то, весна́, зима́, о́сенью, весно́й, зимо́й, ле́том

6. 布置书写作业。

语音导论课 УРОК 12

七、课后练习答案

4. 听录音,标调型。

1) —Что́² вы тут де́лаете? Смо́трите³ телеви́зор?

   —Нет,² / что вы!² Занима́емся!²

   —Каки́е⁵ молодцы́!⁵ То́лько выключите² телеви́зор.

2) —Поговори́те² немно́жко с на́ми!

   —О чём?³

   —О чём² хоти́те.

3) —Вы бы́ли³ на у́лице?

   —Да,² / погуля́ла¹ немно́го.

   —Сего́дня хоро́шая² пого́да, / пра́вда?³

   —Да,¹ / прекра́сная.¹

4) —В про́шлом году́³ / я была́ в Шанха́е. Это краси́вый² го́род.

   —А мне бо́льше нра́вится Пеки́н.¹

   —Не бу́дем² спо́рить. В ка́ждом го́роде есть своё осо́бенное.²

5) —Уже́² поздно. За́втра ра́но вставать.

   —Споко́йной² ночи!

调型训练

语音导论课阶段,教材通常只介绍4种调型。并对它们的语用意义进行适当的总结。但对句子的切分介绍得比较少。因此,教学中会出现对语调的讲解和运用不够灵活的现象,更会出现学生朗读课文时,一见陈述句,便不假思索地使用调型1、通篇课文读下来,只用一个语调的现象,例如:

Это наш университе́т.¹ Наш университе́т — но́вый¹ вуз. Вот гла́вный¹ вход.

Это высо́кое зда́ние — уче́бный¹ корпус. Здесь нахо́дятся¹ аудито́рии, лаборато́рии и компью́терные каби́неты.¹

Напра́во библиоте́ка.¹ В библиоте́ке больши́е¹ и све́тлые чита́льные залы. Здесь есть ра́зные кни́ги, журна́лы и газе́ты.¹

Налéво спортплощáдка и бассéйн, а ря́дом столовая.

Тут клуб, / а там нáши общежития.

Наш вуз óчень большóй. Здесь есть рáзные факультéты. В университéте рабóтают не тóлько китáйские преподавáтели, но и преподавáтели-иностранцы.

这说明，我们在语调教学中，还需改进教学方法，增加切分的技巧训练，加深对语调的语用意义和美学意义的认识，并纠正学生那种单调、乏味、毫无表情的朗读。在课堂教学中，对这篇课文可以进行如下切分：

Это наш университéт. Наш университéт /—нóвый вуз. Вот глáвный вход.

Это высóкое здáние /—учéбный кóрпус. Здесь нахóдятся аудитóрии, лаборатóрии и компью́терные кабинéты.

Напрáво / библиотéка. В библиотéке большие и свéтлые читáльные залы. Здесь есть рáзные книги, / журналы / и газеты.

Налéво спортплощáдка и бассéйн, / а рядом /—столóвые.

Тут клуб, / а там нáши общежития.

Наш вуз óчень большóй. Здесь есть рáзные факультéты. В университéте рабóтают не тóлько китáйские преподавáтели, / но и преподавáтели-иностранцы.

语音训练

1. 单音训练(1)

в

Вот ужé снег послéдний в пóле тáет,
Тёплый пар восхóдит от земли́,
И кувши́нчик си́ний расцветáет,
И зовýт друг дрýга журавли́.

Я встрéтил вас — и всё былóе
В отжи́вшем сéрдце ожилó,
Вспóмнил врéмя золотóе —
И сéрдцу стáло так теплó.

ж

Жди меня́, и я вернýсь,
Тóлько óчень жди.
Жди, когдá навóдят грусть

УРОК 12

Жёлтые дожди.
Жди, когда снега метут,
Жди, когда жара.
Жди, когда других не ждут,
Позабыв вчера.

ж—з

Приобрёл я для жирафа,
Тридцать три огромных шарфа,
Чтоб он горло завязал,
Чтоб в мороз не замерзал.
А жираф сказал: «Смотри!
Ещё нужно тридцать три».

ж—ш

Жук жужжит: «Я шёл и шёл,
Жёлтый камушек нашёл».
—Это жёлудь! Ты не прав! —
Говорит ему жираф.
—Что ж, повесь его на сук —
Говорит жирафу жук.

л

Около кола колокола.
Всё бело, бело, бело,
а ночью снегу нанесло.

п

Перемена, перемена!
Заливается звонок.
Первым Вова непременно
Вылетает за порог.

Вылетает за порог—
Семерых сбивает с ног.
Неужели это Вова,
Продремавший весь урок?

р—л

Подкати́лся колобо́к,
На доро́ге коробо́к
Удиви́лся колобо́к
Закати́лся в коробо́к.

с

Если бы ка́ждый на земле́
Посади́л дубо́к,
То на ка́ждой у́лице
Вы́рос бы лесо́к.
Веселе́е ста́ло бы
Лю́дям всей земли́.
Молодо́е де́ревце
Посади́ и ты.

Жил челове́к рассе́янный
На у́лице Бассе́йной.
Сел он у́тром на крова́ть
В рукава́ просу́нул ру́ки —
Оказа́лось — э́то брю́ки.

ц

Ца́пля ста́ла на крыльце́,
Объясня́ет бу́кву Ц:
—Подожди́, цыплёнок Цип,
Повтори́-ка: цып, цып, цып.
Если вы́учишь уро́к,
Подарю́ тебе́ цвето́к.

ч

У узбе́чки нет привы́чки
Две коси́чки заплета́ть.
У москви́чки две коси́чки,
У узбе́чки — два́дцать пять.

ч—ш

Учени́к учи́л уро́ки,
У него́ в черни́лах щёки.
Часовщи́к прищу́рил глаз,
Чи́нит ча́сики для нас.

ш

В деревушке
Три Катюшки.
Взя́ли в ру́ки три кату́шки.
Шу́ре сши́ли сарафа́н,
Сши́ли де́душке кафта́н,
Сши́ли ба́бушке жаке́т.
А девчо́нкам и мальчи́шкам
Сши́ли я́ркие штани́шки.

ы

Если ру́ки вы́мыл я,
Если ру́ки вы́мыл ты —
Зна́чит, ру́ки вы́мыты.

э

Это у́тро, ра́дость э́та,
Эта мощь и дня и све́та.
Этот си́ний свод,
Этот крик и верени́цы,
Эти ста́и, э́ти пти́цы,
Этот го́вор вод,

Эти и́вы и берёзы,
Эти ка́пли — э́ти слёзы,
Этот пух — не лист,
Эти го́ры, э́ти до́лы,
Эти мо́шки, э́ти пчёлы,
Этот зык и свист.

Эти зо́ри без затме́нья,
Этот вздох ночно́й селе́нья,
Эта ночь без сна,

俄语

Эта мгла и жар постéли,
Эта дробь и эти трéли
Это всё веснá.

单音训练(2)

1. По травé тропá протóптана.
2. Водовóз вёз вóду из водопровóда.
3. Проворóнилаворóна воронёнка.
4. Мáма мы́ла Ми́лу мы́лом.
5. Шла Сáша по шоссé и сосáла сýшку.
6. У ежá ежáта, у ужá ужáта.
7. Черепáха, не скучáя, час сиди́т за чáшкой чáя.
8. У четырёх черепáх по четы́ре черепашóнка.
9. На пéчи калачи́ как огóнь горячи́.
10. На и́ве гáлка, на берегý Гáлька.
11. Вóлки ры́щут — пи́щу и́щут.
12. Чи́щу щёткой я щенкá, щекочý емý бокá.
13. Из кýзова в кýзов шла перегрýзка арбýзов.
14. У Сéни и Сáни в сетя́х сомы́ с усáми.
15. Стои́т воз овсá, вóзле вóза овцá.
16. На горé Арарáт рвалá Варвáра виногрáд.
17. От зóрьки и до зóрьки моряки́ на вáхте зóрки.
18. Вёз корáбль карамéль, наскочи́л корáбль на мель.
19. 33 корабля́ лави́ровали, лави́ровали, но не вылави́ровали.
20. Оси́п охри́п, Архи́п оси́п.
21. Съел Валéрий варéник, а Вáлюшка ватрýшку.
22. Купи́ла бабýся бýсы Марýсе.
23. До гóрода дорóга в гóру, от гóрода — с горы́.
24. Дя́тел дуб долби́л, да не додолби́л.
25. Летéли лéбеди с лебедя́тами.
26. Съел Бори́с бýблики, барáнку, батóн и бухáнку.
27. Змея́ шипи́т, а жук жужжи́т.
28. У ёлки игóлки кóлки.
29. Хорóш пирожóк, внутри́ творожóк.
30. В четвéрг четвёртого числá в четы́ре с чéтвертью часá
    Четы́ре чёрненьких чумáзеньких чертёнка
    Черти́ли чёрными черни́лами чертёж
    Чрезвычáйно чи́сто.

2. 注意下列划线部分的读法。

посо́л—пошёл, то́чка—до́чка, сэр—сыр, петь—печь, по́лка—по́лька, котёл—козёл, учи́тель—учи́тели（导师）, живём—живьём, плачь—плащ, горя́чий—горя́щий, положе́ние—пораже́ние, пал—бал, пой—бой, путь—будь, пыл—был, пить—бить, та—да, том—дом, тушь—душ, те́ло—де́ло, хоти́те—хо́дите, кот—год, кость—гость, купи́ть—губи́ть, пра́во—бра́во, плеск—блеск, творе́ц—дворе́ц, трава́—дрова́, класс—глаз, икра́—игра́, ле́тник—ле́дник, бесплотный—бесплодный, тлить—длить

基础课教学建议

基础课是一个学生开始学习俄语词汇和语法的重要起点。从这时起,学生要在教师的指导之下,掌握听、说、读、写、译五种技能。这一阶段教师依然要坚持对学生的语音、语调进行指导和训练。

根据本套教材编者们多年的教学经验,基础课教学阶段应当把培养学生听、说技能作为本阶段的重点。这并不是说要放弃读、写、译,而是强调教学的侧重点不宜太多。我们认为,在这一阶段的教学中,应坚持"听说领先、读写跟上、暂不多译"的教学方针。

教师要分配好课堂讲解和口语训练的时间,要求学生做好课前预习,课堂语法讲解尽量精短(通常不应超过10分钟),不重复教材中简单的语法内容,而是腾出更多的课堂时间,引导学生进行口语训练。建议教师利用自己编写的小问题与学生进行"模拟交流",帮助他们尽快习惯正常的语速,克服心里障碍,逐渐习惯讲俄语。教学实践证明,通过小对话、小短文训练口语是行之有效的教学手段之一。

基础课阶段的教材内容包括以下几个部分:语法;范句;问题与回答;对话;课文;练习。每课的"范句"部分是为掌握该课语法内容而编写的。"问题与回答"、"对话"部分是针对词汇和句型训练编写的。"课文"部分则是为综合训练编写的。教师不仅要要求学生背诵课文,还要在此基础上进行一系列的训练,例如:转述、变换人称、变换角色、变换时间和空间等。注意分析语法知识、文化知识、国情知识。

基础课阶段精讲多练是教师们的共识。因此,教师讲解的时间,通常不应超出学生练习的时间。

每课教材的教学安排建议:语法讲解→范句→巩固练习→问题与对话→巩固练习→对话→巩固练习→课文→巩固练习→测验(50分钟)。每课后面的练习是为学生课后复习编写的,通常应在课下完成,课堂上仅应核对答案,避免过多占用课堂教学时间。

继续帮助学生练好俄语书写。字体的大小、倾斜角度、连写、移行要规范。

课堂上教师要及时表扬有进步的学生,但也不应该冷落常犯语法错误的学生;纠错方式要得当,帮助学生克服心理障碍,让学生尽快习惯用俄语表达思想。

本部分教参由以下部分构成:语法要点;重点词汇;重点句型;言语练习(1)(该部分是针对本课语法和"范句"、"问题与回答"部分进行的训练。);课文要点;言语练习(2)(该部分是针对"对话"和"课文"部分进行的训练。)上述内容教师应在教参基础上进行相应的替换或拓展训练,旨在使学生能活用、积极掌握所学的语法、词汇、句型等;"范句"中需替换内容的答案;课文译文;练习参考答案。

推荐参考文献：

1. 李　勤《俄语语法学》，上海外语教育出版社，2001
2. 龚人放等《俄语语法·词法》，北京大学出版社，1983
3. 刘晓波等《俄语语法·句法》，北京大学出版社，1982
4. 张会森《俄语语法》，北京大学出版社，2008
5. 钱晓蕙等《现代俄语语法教程·词法》，中国人民大学出版社，1998
6. 袁妮等《现代俄语语法教程·句法》，中国人民大学出版社，2002
7. 王超尘等《现代俄语理论教程》（上册），教育出版社，1988
8. 王德孝等《现代俄语理论教程》（下册），教育出版社，1989
9. 章兼中主编《国外外语教学法主要流派》，华东师范大学出版社，1983
10. 许毅译《外语教学新方法》，北京语言学院出版社，1987
11. 《大学俄语》（东方）第一册，北京外国语大学编，外语教学与研究出版社，1994
12. 《新编俄语教程》第一册，上海外国语学院俄语系编，上海外语教育出版社，1990
13. 《俄语》第一册，解放军外国语学院　王学琴主编　陕西科学技术出版社，2000
14. 《新编大学本科俄语》第一册，中国人民大学　钱晓蕙主编，中国人民大学出版社，2003
15. Костомаров В. Г. и др.«Русский язык для всех»(13-е издание), Русский язык, 1989
16. «Русская грамматика», АН СССР, изд. Наука, 1980

ОСНОВНОЙ КУРС
基础课

УРОК 1

一、语法要点

本课语法内容包括：1. 名词的复数；2. 人称代词；3. 代词的性、复数。

名词的复数

1. 大多数名词在单数变复数时都有规则可循，例如：

   1) 硬辅音结尾时加 -ы；-а 变 -ы；-й 变 -и；-ь 变 -и；-я 变 -и；-о 变 -а；-е 变 -я；

   2) г, к, х 及 ж, ш, щ, ч 后面不能写 -ы，而要写 -и，例如：парк—парки, этаж—этажи；

   3) 有些阳性名词的复数形式不是 -ы (-и)，而是 -а (-я)，这时，重音移至词尾 -а (-я) 上，例如：го́род—города́, учи́тель—учителя́；

   4) 有些名词的复数形式以 -ья 结尾，例如：

   бра́тья, друг—друзья́, де́рево—дере́вья, стул—сту́лья, сын—сыновья́；

   5) 有些外来词不变化，例如：пальто́, кино́, метро́；

   6) 以 -ец 结尾的名词，如果 -ец 前为元音字母，-е 改为 -й，再加词尾 -ы，例如：
   кита́ец—кита́йцы；
   如果 -ец 前为辅音字母，去掉 -е，再加上词尾 -ы，例如：иностра́нец—иностра́нцы；

   7) 带有后缀 -анин (-янин)结尾的名词，变复数时，-нин 改为 -не，例如：
   россия́нин—россия́не；

   8) 以 -мя 结尾的中性名词，-мя 变 -мена (-мёна)，例如：
   и́мя—имена́, вре́мя—времена́；

   9) 有些名词变复数时，两个辅音之间的元音脱落，例如：
   день—дни, рот—рта, ры́нок—ры́нки。

2. 有些名词的复数形式比较特殊，例如：
   дочь—до́чери, мать—ма́тери, хозя́ин—хозя́ева。

3. 有些名词单数变复数后，重音发生变化，例如：

   1) врач—врачи́, ключ—ключи́, го́род—города́, ме́сто—места́, мо́ре—моря́, мост—мосты́, по́ле—поля́, оте́ц—отцы́, эта́ж—этажи́, учи́тель—учителя́, огуре́ц—огурцы́, па́спорт—паспорта́, каранда́ш—карандаши́；

2) окно́—о́кна, река́—ре́ки, стена́—сте́ны, яйцо́—я́йца, доска́—до́ски, страна́—стра́ны, село́—сёла, о́зеро—озёра.

二、重点词汇

пе́рвый, -ая, -ое, -ые
  ~ день, ~ эта́ж, ~ учи́тель, пе́рвая любо́вь, пе́рвое число́
кита́ец, кита́йцы
  трудолюби́вый ~, совреме́нные кита́йцы
россия́нин, -я́не
  бога́тый ~, бога́тые россия́не
совреме́нный, -ая, -ое, -ые
  ~ суперма́ркет, ~ая дере́вня, ~ое село́, ~ые университе́ты
уче́бник, -и
  хоро́ший ~, хоро́шие уче́бники
го́род, города́
  ста́рый ~, ста́рые города́
учи́тель, -я́
  дорого́й ~, дороги́е учителя́
весь, вся, всё, все
  ~ Кита́й, всё село́, вся аудито́рия, все аудито́рии
свой, своя́, своё, свои́
  ~ компью́тер, своя́ маши́на, своё вре́мя, свои́ лю́ди
студе́нтка, -и
  краси́вая ~, краси́вые студе́нтки
ру́чка, -и
  кра́сная ~, кра́сные ру́чки
ста́рый, -ая, -ое, -ые
  ~ вокза́л, ~ая гости́ница, ~ое бельё, ~ые сту́лья
перево́дчик, -и
  молодо́й ~, молоды́е перево́дчики
факульте́т, -ы
  хоро́ший ~, хоро́шие факульте́ты
популя́рный, -ая, -ое, -ые
  ~ певе́ц, ~ая арти́стка, ~ое ме́сто, ~ые журна́лы
профе́ссор, -а́
  до́брый ~, до́брые профессора́
общежи́тие, -ия
  высо́кое ~, высо́кие общежи́тия

магази́н, -ы
  большо́й ~, больши́е магази́ны
ста́роста, -ы
  весёлый ~, весёлые ста́росты
дека́н, -ы
  хоро́ший ~, хоро́шие дека́ны
ре́ктор, -ы
  о́пытный ~, о́пытные ре́кторы
гла́вный, -ая, -ое, -ые
  ~ вход, ~ая у́лица, ~ое зда́ние, ~ вопро́сы
ра́зный, -ая, -ое, -ые
  ра́зные лю́ди, ра́зные дере́вья
нале́во
  Нале́во метро́. Нале́во стадио́н.
напра́во
  Напра́во о́зеро Сиху́. Напра́во магази́н.

三、重点句型

1. Кто ... (он, она́, они́, тот мужчи́на)?
2. Ивано́в ... (арти́ст, преподава́тель)?
3. Чей э́то .... (журна́л, магнитофо́н)?
4. Како́й э́то ... (челове́к, парк)?
5. Нет, он (она́, они́) не ..., а...
   1) —Этот молодо́й челове́к — твой брат?
      —Нет, он не мой брат, а муж.
   2) —Та де́вушка — твоя́ сестра́?
      —Нет, она́ не моя́ сестра́, а тётя.
6. Прости́те, где...
   1) Прости́те, где нахо́дится библиоте́ка?
   2) Прости́те, где туале́т?
7. Здесь есть ...
   1) Здесь есть ра́зные фру́кты.
   2) Здесь есть всё.

四、言语练习(1)

1. —Кто тот мужчи́на?
   —Он наш но́вый дека́н.

2. —Сáша ваш брат?
   —Нет, он мой друг.
3. —Чья э́то кни́га?
   —Это его́ кни́га.
4. —Чьи э́то журна́лы?
   —Это мои́ журна́лы.
5. —Како́й э́то преподава́тель?
   —Это о́чень о́пытный преподава́тель.
6. —Это ва́ше ме́сто?
   —Да, э́то моё ме́сто.

五、课文要点

1. Моя́ фами́лия Чжáо, а и́мя Ли. 我姓赵，名丽。注意，俄语中表示"谁叫什么名字"时，通常用：Как … зову́т? 但也可以说：Как ва́ша фами́лия? И́мя? 此时，译文要符合汉语习惯，不能译成：你的姓是什么？名是什么？所以本课中的这句话不应译为：我的姓是赵，名是丽。

2. Вот гла́вный вход. 这是正门。вот 是语气词，意为：这里是，这是，你看（指近处的事物、眼前的现象或表示转达、交付之意）。вход 是阳性名词，词义为：入口，进口；门口。гла́вный вход 的释义为：正门。

六、言语练习 (2)

1. 使用下列礼貌用语，仿照"对话"编写对话。

   Прости́те, ...

   Спаси́бо.

   Спаси́бо большо́е.

   Пожа́луйста.

   Не́ за что.

   До свида́ния!

2. 用下列单词造句：

   вот, вон, ря́дом, нале́во, напра́во

3. 用第三人称形式转述课文。

七、"范句"中需替换内容的答案

1. (друг, преподава́тель, ста́роста, шофёр)
2. (врач, гид, инжене́р, певе́ц)
3. (домохозя́йки, касси́рши, студе́нтки, стюардéссы)
4. (—Чей э́то каранда́ш <компью́тер, пле́йер, магнитофо́н>?
   —Это твой <наш, его́, её> каранда́ш <компью́тер, пле́йер, магнитофо́н>.)
5. (—Чья э́то маши́на <иде́я, таре́лка, ко́мната>?
   —Это твоя́ <на́ша, ва́ша> маши́на <иде́я, таре́лка, ко́мната>.)
6. (—Чьё э́то бельё <молоко́, пла́тье, я́блоко>?
   —Это твоё <на́ше, ва́ше> бельё <молоко́, пла́тье, я́блоко>.)
7. (—Чьи э́то фру́кты <ту́фли, боти́нки, кни́ги>?
   —Это твои́ <на́ши, ва́ши> фру́кты <ту́фли, боти́нки, кни́ги>.)
8. (—Како́й э́то парк <вокза́л, го́род, бар>?
   —Это большо́й <краси́вый, ую́тный> парк <вокза́л, го́род, бар>.)
9. (—Кака́я э́то библиоте́ка <страна́, дере́вня>?
   —Это совреме́нная библиоте́ка.
   —Это дре́вняя страна́.
   —Это живопи́сная дере́вня.)
10. (—Како́е э́то о́зеро <село́, со́лнце>?
    —Это большо́е <краси́вое, ма́ленькое> о́зеро <село́>.
    —Это я́ркое со́лнце.)
11. (—Каки́е э́то блю́да <брю́ки, ро́зы, лю́ди>?
    —Это вку́сные блю́да.
    —Это дли́нные брю́ки.
    —Это кра́сные ро́зы.
    —Это до́брые лю́ди.)

八、课文译文

我的大学

我是一名新(大学)生。我姓赵,名丽。今天我作你们的导游。

这是我们的大学。这是一所非常著名的学府。这是正门。这座高楼是教学主楼。校长办公室和所有的文科系都在这里。

对面是我们的图书馆。它(很)大,也(很)现代化。这里有各种各样的藏书、杂志和报纸。旁边是我们的食堂和校医院。左边是体育馆。右边是我们的俱乐部。

那边是我们的体育场和游泳池。它们是新建的(场馆)。(而)那些楼房是我们的宿舍。

我们的学校非常大。我们在这里生活和学习。

基础课 УРОК 1

九、练习参考答案

УПРАЖНЕНИЯ И ЗАДАНИЯ

2. 按示例将下列句子变成复数形式。

   示例：Это моя́ кни́га. → Это мои́ кни́ги.

   Это глубо́кое о́зеро. → Это <u>глубо́кие озёра</u>.

   Это но́вый дом. → Это <u>но́вые дома́</u>.

   Это высо́кое зда́ние. → Это <u>высо́кие зда́ния</u>.

   Это хоро́ший певе́ц. → Это <u>хоро́шие певцы́</u>.

   Это чи́стая таре́лка. → Это <u>чи́стые таре́лки</u>.

   Это кни́жный магази́н. → Это <u>кни́жные магази́ны</u>.

3. 用 он, она́, оно́, они́ 填空。

   示例：—Где Ива́н Ива́нович? —<u>Он</u> здесь.

   1) —Где Макси́м? —<u>Он</u> там.
   2) —Где Ни́на? —<u>Она́</u> здесь.
   3) —Где моё ме́сто? —<u>Оно́</u> там.
   4) —Где биле́т и па́спорт? —<u>Они́</u> здесь.
   5) —Где газе́та? —<u>Она́</u> там.
   6) —Где моё пальто́? —<u>Оно́</u> там.

4. 选择右边适当的名词续句子，并回答问题。

   示例：—Скажи́те, пожа́луйста, чей э́то стул?
   —Это мой стул.

   1) —Вы не зна́ете, чей э́то <u>па́спорт</u>? —<u>Это мой па́спорт</u>.
   —Вы не зна́ете, чья э́то <u>вещь</u>? —<u>Это моя́ вещь</u>.
   —Вы не зна́ете, чьё э́то <u>ме́сто</u>? —<u>Это моё ме́сто</u>.
   —Вы не зна́ете, чьи э́то <u>журна́лы</u>? —<u>Это мои́ журна́лы</u>.

   2) —Скажи́те, пожа́луйста, како́й э́то <u>го́род (дворе́ц)</u>? —<u>Это но́вый го́род (дворе́ц)</u>.
   —Скажи́те, пожа́луйста, кака́я э́то <u>гости́ница</u>? —<u>Это но́вая гости́ница</u>.
   —Скажи́те, пожа́луйста, како́е э́то <u>зда́ние (село́)</u>? —<u>Это но́вое зда́ние (село́)</u>.
   —Скажи́те, пожа́луйста, каки́е э́то <u>факульте́ты</u>? —<u>Это но́вые факульте́ты</u>.

5. 对下列问题作肯定和否定的两种回答，并将它们变成复数形式。

   示例：—Это ваш но́мер (Это ва́ши номера́)?
   —Да, э́то наш но́мер. —Да, э́то на́ши номера́.

—Нет, это не наш но́мер. —Нет, это не на́ши номера́.

1) —Это твой биле́т (Это твои́ биле́ты)?

   —Да, это мой биле́т. —Да, это мои́ биле́ты.

   —Нет, это не мой биле́т. —Нет, это не мои́ биле́ты.

2) —Это твоя́ газе́та (Это твои́ газе́ты)?

   —Да, это моя́ газе́та. —Да, это мои́ газе́ты.

   —Нет, это не моя́ газе́та. —Нет, это не мои́ газе́ты.

3) —Это твоё ме́сто (Это твои́ места́)?

   —Да, это моё ме́сто. —Да, это мои́ места́.

   —Нет, это не моё ме́сто. —Нет, это не мои́ места́.

4) —Это ва́ша ко́мната (Это ва́ши ко́мнаты)?

   —Да, это на́ша (моя́) ко́мната. —Да, это на́ши (мои́) ко́мнаты.

   —Нет, это не на́ша (моя́) ко́мната. —Нет, это не на́ши (мои́) ко́мнаты.

5) —Это ва́ше пальто́ (Это ва́ши пальто́)?

   —Да, это моё пальто́. —Да, это мои́ пальто́.

   —Нет, это не моё пальто́. —Нет, это не мои́ пальто́.

6) —Это ваш чемода́н (Это ва́ши чемода́ны)?

   —Да, это мой чемода́н. —Да, это мои́ чемода́ны.

   —Нет, это не мой чемода́н. —Нет, это не мои́ чемода́ны.

7) —Это его́ па́спорт (Это его́ (их) паспорта́)?

   —Да, это его́ па́спорт. —Да, это его́ (их) паспорта́.

   —Нет, это не его́ па́спорт. —Нет, это не его́ (их) паспорта́.

8) —Это её су́мка (Это её су́мки)?

   —Да, это её су́мка. —Да, это её су́мки.

   —Нет, это не её су́мка. —Нет, это не её су́мки.

9) —Это их маши́на (Это их маши́ны)?

   —Да, это их маши́на. —Да, это их маши́ны.

   —Нет, это не их маши́на. —Нет, это не их маши́ны.

10) —Это музе́й (Это музе́и)?

    —Да, это музе́й. —Да, это музе́и.

    —Нет, это не музе́й. —Нет, это не музе́и.

11) —Это совреме́нный го́род (Это совреме́нные города́)?

    —Да, это совреме́нный го́род. —Да, это совреме́нные города́.

    —Нет, это не совреме́нный го́род. —Нет, это не совреме́нные города́.

12) —Это краси́вый парк (Это краси́вые па́рки)?

    —Да, это краси́вый парк. —Да, это краси́вые па́рки.

    —Нет, это не краси́вый парк. —Нет, это не краси́вые па́рки.

13) —Тот молодо́й челове́к ваш шофёр (Те молоды́е лю́ди ва́ши шофёры)?

    —Да, тот молодо́й челове́к наш шофёр. —Да, те молоды́е лю́ди на́ши шофёры.

—Нет, тот молодо́й челове́к не наш шофёр.

—Нет, те молоды́е лю́ди не на́ши шофёры.

14) —Та де́вушка ваш гид (Те де́вушки ва́ши ги́ды)?

—Да, та де́вушка наш гид. —Да, те де́вушки на́ши ги́ды.

—Нет, та де́вушка не наш гид. —Нет, те де́вушки не на́ши ги́ды.

15) —Это зда́ние — гости́ница (Эти зда́ния — гости́ницы)?

—Да, э́то зда́ние — гости́ница. —Да, э́ти зда́ния — гости́ницы.

—Нет, э́то зда́ние не гости́ница. —Нет, э́ти зда́ния не гости́ницы.

6. 用形容词填空。

示例：молодо́й

Это молодо́е де́рево.

Тот молодо́й челове́к — наш гид.

Она́ о́чень молода́я.

Это молоды́е преподава́тели.

1) но́вый

Это но́вая гости́ница.

Там но́вый дом.

Анна но́вая студе́нтка.

Те зда́ния — на́ши но́вые общежи́тия.

2) хоро́ший

Сего́дня хоро́шая пого́да.

Наш но́мер о́чень хоро́ший.

Это хоро́шее вино́.

Это хоро́шие лю́ди.

3) большо́й

Пеки́н — большо́й и краси́вый го́род.

Озеро Сиху́ большо́е и краси́вое.

На́ша аудито́рия больша́я и чи́стая.

Это больши́е города́.

7. 按示例用括号内的形容词续对话。

示例：—Это на́ша гости́ница.

—Кака́я она́ высо́кая!

1) —Это Истори́ческий музе́й.

—Како́й он большо́й!

2) —Вот наш городско́й парк.

—Како́й он краси́вый!

3) —Это наш университе́т.
　　—Како́й он большо́й!

4) —Ивано́в преподава́тель.
　　—Како́й он молодо́й!

5) —Это моя́ ко́мната.
　　—Кака́я она́ ую́тная.

6) —Вот на́ша маши́на.
　　—Кака́я она́ краси́вая!

7) —Это на́ши общежи́тия.
　　—Каки́е они́ чи́стые!

8) —Это мои́ роди́тели.
　　—Каки́е они́ до́брые!

8. 将右边表颜色的形容词变成需要的形式,并回答问题。

　1) Како́й э́то га́лстук?　Это кра́сный га́лстук.
　　 Каки́е э́то га́лстуки?　Это кра́сные га́лстуки.
　　 Како́й э́то плащ?　Это ора́нжевый плащ.
　　 Каки́е э́то плащи́?　Это ора́нжевые плащи́.
　　 Како́й э́то шарф?　Это жёлтый шарф.
　　 Каки́е э́то ша́рфы?　Это жёлтые ша́рфы.

　2) Кака́я э́то ю́бка?　Это фиоле́товая ю́бка.
　　 Каки́е э́то ю́бки?　Это фиоле́товые ю́бки.
　　 Кака́я э́то руба́шка?　Это ро́зовая руба́шка.
　　 Каки́е э́то руба́шки?　Это ро́зовые руба́шки.
　　 Кака́я э́то блу́зка?　Это се́рая блу́зка.
　　 Каки́е э́то блу́зки?　Это се́рые блу́зки.

　3) Како́е э́то пальто́?　Это голубо́е пальто́.
　　 Каки́е э́то пальто́?　Это голубы́е пальто́.
　　 Како́е э́то пла́тье?　Это кори́чневое пла́тье.
　　 Каки́е э́то пла́тья?　Это кори́чневые пла́тья.

9. 用右边的形容词回答问题。

　—Кака́я сего́дня пого́да?
　—Сего́дня прекра́сная (па́смурная, дождли́вая, со́лнечная, тёплая, холо́дная) пого́да.

10. 将下列句子译成汉语,注意指示代词的用法。

　1) Это наш гид. Его́ фами́лия Ван.
　　 这是我们的导游,他姓王(汪)。

　2) Тот мужчи́на — мой большо́й друг.
　　 那位男子是我的好朋友。

3) Это здание старое, а то здание новое.
   这幢楼房是旧的，那幢楼房是新的。

4) Это живописный город.
   这是一座风景如画的城市。

5) Этот молодой человек — инженер.
   这位(个)年轻人是名工程师。

6) Этот инженер очень молодой.
   这位(个)工程师非常年轻。

7) Это интересная книга.
   这是一本有趣的书。

8) Эта книга очень интересная.
   这本书很有意思。

9) Это небольшой дом.
   这是一幢不大的房子。

10) Этот небольшой дом — музей.
    这幢不大的房子是博物馆。

11. 将下列句子译成俄语。

1) 这是一家大电影院。 这家电影院很大。
   Это большой кинотеатр. Этот кинотеатр большой.

2) 这是一件很漂亮的大衣。 这件大衣很漂亮。
   Это красивое пальто. Это пальто очень красивое.

3) 这座城市又美丽又干净。 这是一座又美丽又干净的城市。
   Этот город красивый и чистый. Это красивый и чистый город.

4) 这个房间是我的。 这是我的房间。
   Эта комната моя. Это моя комната.

5) 那是我们的车。 那辆车是我们的。
   То наша машина. Та машина наша.

6) 那个姑娘很漂亮。 那个漂亮的姑娘是我们的老师。
   Та девушка очень красивая. Та красивая девушка — наша учительница (наша преподавательница; наш преподаватель).

7) 这是一个小村庄。 这个村庄很小。
   Это маленькая деревня. Эта деревня маленькая.

8) 这是谁的词典？ 这个词典是谁的？
   Чей это словарь? Этот словарь чей? (Чей этот словарь?)

12. 翻译下列词组。

1) главный вход 正门, учебный корпус 教学楼, современный вуз 现代化的高校, спортивный зал 体育馆, городская библиотека 市图书馆, Исторический музей 历史博物馆, книжный магазин 书店

2) 整个城市(全市) весь го́род, 整本书 вся кни́га, 全天 весь день, 全家 вся семья́, 全校 весь университе́т (вся шко́ла), 全村 вся дере́вня, 全系 весь факульте́т, 全国 вся страна́, 所有大学生 все студе́нты, 所有老师 все преподава́тели (учителя́), 所有报纸 все газе́ты, 所有杂志 все журна́лы

13. 按课文内容回答问题。

   1) Кто вы?

   Я но́вая студе́нтка.

   2) Как вас зову́т?

   Меня́ зову́т Чжа́о Ли.

   3) Како́й ваш университе́т?

   Наш университе́т — совреме́нный и знамени́тый вуз.

   4) Что э́то за зда́ние?

   Э́то зда́ние — гла́вный уче́бный ко́рпус.

   5) Где нахо́дится ректора́т?

   Ректора́т нахо́дится здесь (тут).

   6) Где нахо́дится ва́ша библиоте́ка?

   На́ша библиоте́ка нахо́дится напро́тив.

   7) Кака́я ва́ша библиоте́ка?

   Она́ (Библиоте́ка) больша́я и све́тлая.

   8) Где нахо́дится спорти́вный зал?

   Нале́во нахо́дится спорти́вный зал.

УРОК 2

本课语法内容为：1. 主语和谓语；2. 动词的现在时；3. 动词第一式变位；4. 定语；5. 副词。

1. 谓语：

谓语是双部句中说明主语的主要成分，表示主语的动作、状态、特征、性质，通常用动词、名词、形容词、数词、代词、形动词等表示。谓语按其结构分为简单谓语、合成谓语、复合谓语。

合成谓语通常有两部分组成，一部分主要表示性、数等语法意义，而另一部分则主要表示该谓语的词汇意义。谓语按其表现形式可分为动词性谓语和名（静）词性谓语。用动词和动词性成语表示的谓语叫做动词性谓语；用名词、形容词、代词、副词、名词性成语等表示的谓语叫做名词性谓语。

动词性谓语又分为动词性简单谓语、动词性合成谓语。

动词性合成谓语通常由助动词和依附于它的动词不定式形式构成。助动词主要表示语法意义（动词的式、时间、人称、数、性等），动词不定式表示基本的词汇意义（谓语的行为或状态的具体内容）。

可以用作助动词的有以下动词：

1) 表示行为开始、继续、中断、结束等意义的助动词，它们是：

начáть（开始），начинáть（开始），стать（开始），продолжáть（继续），кончáть（结束），перестáть（停止）等。例如：

Они́ продолжáют рабóтать. 他们继续工作。

2) 表示可能、有能力以及预备进行某一行为的情态意义的助动词，它们是：мочь（能够），умéть（会，善于）等。例如：

Я не умéю говори́ть по-китáйски. 我不会讲汉语。

3) 表示希望、努力、决心、企图或思维过程、内心感受等情态意义的助动词，它们是：хотéть（想），старáться（努力），собирáться（打算）等。例如：

Мы не хоти́м спать. 我们不想睡觉。

名词性合成谓语由系词和表语构成。系词主要表示语法意义（动词的式、时间、人称、数、性等），表语表示谓语的词汇意义。表语可以用名词、形容词、数词、代词、副词等表示。

名词性合成谓语中的系词有三类：

1) 纯系词：只起联系用语和表语的作用，没有任何词汇意义，例如：быть, явля́ться。与быть 连用的表语用第一格或第五格形式，与явля́ться 连用的表语用第五格形式。

2) 半实体系词：它们除了起系词的作用外，本身还有一定的词汇意义，例如：стать（成为），станови́ться（变为），казáться（好像是），оказáтся（原来是），остáться（仍然是）等。与这类系词连用的表语用第五格形式。

3) 实体动词：这类动词具有完全的词汇意义，通常是表示事物的运动和状态的动词，例如：рабо́тать(是)等。与这类系词连用的表语(名词、形容词)可以用第一格或第五格形式。

2. 动词第一式变位

动词第一式变位时应注意的几个问题：

1) 带 -ся 动词(-ся 为尾后缀)变位时，如果词尾最后一个字母是元音，-ся 要变为 -сь，其它情况下 -ся 不变，例如：собира́юсь；

2) 以 -ова́ть, -ева́ть 结尾的动词变位时，词尾为 -у́ю, -у́ешь, -у́ют，例如：рисова́ть, -су́ю, -су́ешь；танцева́ть, -цу́ю, -цу́ешь；重音不在 -овать, -евать 上时，变位时重音不移动，例如：приве́тствовать, -вую, -вуешь；

3) 以 -ава́ть 结尾的动词变位时，去掉 -вать，加词尾 -ю́, -ёшь, -ю́т。例如：встава́ть, -аю́, -аёшь；

4) 有些动词，例如：писа́ть, пла́кать 变位时，辅音发生音变：пишу́, пи́шешь；пла́чу, пла́чешь。

5) 有些动词变化比较特殊，例如：поня́ть, пойму́, поймёшь；брать, беру́, берёшь；взять, возьму́, возьмёшь 等；

6) 个别以 -ать 结尾的动词，在动词变位时，-а 脱落，无语音交替，例如：ждать, жду, ждёшь。

э́то, то 的用法

э́то (э́тот, э́та, э́ти), то (тот, та, те) 作定语时，必须与被说明的名词保持性、数上的一致；

э́то, то 作主语(只用 э́то, то 一种形式)时，不必与后面的词保持性、数上的一致，例如：

Э́тот слова́рь мой. 这本词典是我的。此句中的 э́тот 作定语。

Э́то мой слова́рь. 这是我的词典。此句中的 э́то 作主语。

注意：э́то, то 作主语时，系词不与主语一致，而与表语在性、数、格上一致。称为"倒一致联系"，例如：

Это моя́ ма́ма. 这是我妈妈。

Это мой роди́тели. 这是我父母。

Это моё пальто́. 这是我的大衣。

二、重点词汇

второ́й, -а́я, -о́е, -ы́е

~ уро́к, ~ год, ~ эта́ж, втора́я неде́ля, втора́я кни́га, второ́е окно́

рабо́тать, -аю, -аешь

акти́вно ~, мно́го ~, хорошо́ ~, пло́хо ~

Са́ша хорошо́ рабо́тает.

разгова́ривать, -аю, -аешь

гро́мко ~, ти́хо ~, интере́сно ~, до́лго ~

基础课 УРОК 2

    Дети громко разговаривают.
играть, -аю, -аешь
    весело ~, долго ~
    Дети весело играют.
заниматься, -аюсь, -аешься
    серьёзно ~, старательно ~, внимательно~, отлично ~
    Аня очень старательно занимается.
думать, -аю, -аешь
    серьёзно ~, часто ~, мало ~, долго ~
    Ты много думаешь.
делать, -аю, -аешь; что
    быстро ~, медленно ~, активно ~
    Что Алёша там делает?
пить, пью, пьёшь; что
    быстро ~, медленно ~
    Я пью, а Аня кушает.
стирать, -аю, -аешь; что
    чисто ~, долго ~
    Как чисто стираешь!
вставать, встаю, встаёшь
    рано ~, поздно ~
    Каждый день студенты рано встают.
плакать, плачу, плачешь
    горько ~, тихо ~, громко ~
    Почему плачешь?
писать, пишу, пишешь; что
    быстро ~, медленно ~, плохо ~, хорошо ~, красиво ~
    Аня хорошо пишет по-русски.
жить, живу, живёшь
    счастливо ~, хорошо ~, плохо ~
    Сейчас китайцы (китайский народ) хорошо живут (живёт).
зарабатывать, -аю, -аешь
    много ~, неплохо ~, мало ~
    Наши преподаватели много зарабатывают.
    Мои родители неплохо зарабатывают.
    Я мало зарабатываю.
слушать, -аю, -аешь; кого-что
    внимательно ~
читать, -аю, -аешь; что
    громко ~, тихо ~, хорошо ~

понима́ть, -а́ю, -а́ешь; кого́-что

    хорошо́ ~, пло́хо ~, ~ по-ру́сски

по-кита́йски

    Они́ разгова́ривают по-кита́йски.

    Они́ свобо́дно разгова́ривают по-кита́йски.

三、重点句型

Как дела́? Как + ...?

    Как (твои́) роди́тели?

    Как (твоя́) ба́бушка?

    Как (ва́ши) де́ти?

    Как (ва́ше) здоро́вье?

    Как (ва́ше) настрое́ние?

    Как (ва́ша) рабо́та?

    Как (ва́ша) жизнь?

    Как учёба?

四、言语练习(1)

1. —Как Са́ша чита́ет?

   —Он хорошо́ чита́ет.

2. —Экскурсово́д расска́зывает. А тури́сты?

   —Тури́сты внима́тельно слу́шают.

3. —Как вы понима́ете по-ру́сски?

   —Я понима́ю ещё пло́хо.

4. —Что вы обы́чно де́лаете ве́чером?

   —Ве́чером я обы́чно чита́ю.

五、课文要点

1. Па́па и ма́ма рабо́тают, сестра́ то́же рабо́тает. 这里的 то́же 是副词,释义为:也。то́же 要求前后使用同一种句子成分。то́же 后面可以接动词、名词、形容词、副词等词类。例如:

   1) Та́ня ку́шает, Зи́на то́же ку́шает.

   2) Ты врач, я то́же врач.

   3) Ма́ма высо́кая, па́па то́же высо́кий.

   4) Ма́ша бы́стро бе́гает, Аня то́же бы́стро бе́гает.

2. Он мно́го зна́ет, бы́стро пла́вает.

   此句中 мно́го 是副词,释义为:多。例如:

1) Са́ша мно́го занима́ется.

2) Ли́за мно́го игра́ет.

3. Ве́чером вся семья́ собира́ется здесь. 此句中 собира́ться 是助动词，释义为：打算。通常和依附于它的动词不定式形式构成动词性合成谓语。例如：Я не собира́юсь писа́ть.

六、言语练习 (2)

1. 仿照下面的句子造句。

   1) Вы не зна́ете, что сейча́с де́лает Зи́на?

   2) Спаси́бо, всё норма́льно.

   3) Как интере́сно Аня расска́зывает!

   4) Она́ о́чень стара́тельно рабо́тает, мно́го зараба́тывает.

2. 仿照课文讲述自己的家庭。

七、"范句"中需替换内容的答案

1. (чита́ет, рабо́тает, пла́чет)

2. (пою́т, пла́вают, разгова́ривают, игра́ют)

3. (танцу́ет, загора́ет, стира́ет)

4. (купа́ются, занима́ются, переодева́ются)

5. (ду́маю, пью, мо́ю)

6. (краси́вый сад, краси́вое ме́сто, краси́вая дере́вня; ма́ленький сад, ма́ленькое ме́сто, ма́ленькая дере́вня)

7. (—Чья э́то ша́пка <су́мка>?

   —Э́то твоя́ <ва́ша, её> ша́пка <су́мка>.

   —Чьё э́то зе́ркало?

   —Э́то твоё <ва́ше, её> зе́ркало.

   —Чей э́то чемода́н?

   —Э́то твой <ваш, её> чемода́н.)

8. (—Как Са́ша бе́гает <пи́шет>?

   —Он бы́стро <ме́дленно, краси́во> бе́гает <пи́шет>.)

9. (днём <но́чью>.)

八、课文译文

我(们)的家

我(们)的家(庭)并不大：我(的爸)爸、我(的妈)妈、我(的姐)姐和我。爸爸和妈妈工作，姐姐也工作。我是一名大学生，学物理。黑龙江大学是一所现代化的大学。我在这里学习。

俄语

我的爸爸是一名工程师,我的妈妈是一名教师。爸爸个子高高的,身材健壮。他懂得很多,游泳游得很快。妈妈漂亮、善良。她歌唱得好。我的姐姐是一名导游。她工作非常努力,收入颇丰。

我们的客厅宽敞、舒适。晚上全家都聚在这里。

我(们)的家非常和睦。我们生活得很幸福。

九、练习参考答案

УПРАЖНЕНИЯ И ЗАДАНИЯ

1. 在动词前面加上人称代词,并将动词变成相应的人称形式。

   1) Она́ бе́гает.
   2) Они́ ката́ются на ло́дке.
   3) Мы разгова́риваем.
   4) Я гуля́ю.
   5) Вы интере́сно расска́зываете.
   6) Они́ игра́ют в ша́хматы.
   7) Мы загора́ем.
   8) Я купа́юсь.
   9) Ты хорошо́ поёшь?
   10) Они́ танцу́ют.
   11) Мы внима́тельно слу́шаем.
   12) Она́ спра́шивает, а я отвеча́ю.
   13) Он пла́чет.
   14) Мы пи́шем.
   15) Я одева́юсь.

2. 把括号中的动词变成相应的形式,并回答问题。

   1) Вы сейча́с (чита́ете)? Да, чита́ю.
   2) Как он (чита́ет) по-ру́сски? Он чита́ет хорошо́.
   3) Кто (понима́ет) по-англи́йски? Ко́ля понима́ет по-англи́йски.
   4) Как они́ (понима́ют) по-ру́сски? Они́ прекра́сно понима́ют по-ру́сски.
   5) Что (де́лают) студе́нты? Они́ пи́шут.
   6) А что (де́лает) гид? Он отдыха́ет.
   7) Когда́ вы (встаёте)? Мы встаём о́чень ра́но.
   8) Она́ ка́ждый день (бе́гает)? Нет, она́ не ка́ждый день бе́гает.
   9) Где они́ (ждут)? Они́ ждут впереди́.
   10) Ча́сто ли вы (отдыха́ете) здесь? Нет, я ре́дко отдыха́ю здесь.

基础课 УРОК 2

11) Кто хорошо (поёт)? Моя сестра хорошо поёт.
12) Этот русский студент (понимает) по-китайски? Нет, он ещё не понимает по-китайски.
13) Кто рано (встаёт) каждый день? Я рано встаю каждый день.
14) Кто хорошо (плавает)? Та артистка хорошо плавает.
15) Дома ли вы (завтракаете)? Да, я дома завтракаю.

3. 对划线词提问,并说明它们所充当的句子成分。

示例:—Он там отдыхает.
　　　—Что он там делает? (谓语)

1) Там дети бегают и играют. Что там делают дети? (主语)
2) Я сейчас загораю. Что вы сейчас делаете? (谓语)
3) Каждый день утром мы бегаем. Что вы делаете каждый день утром? (谓语)
4) Сейчас преподаватель интересно рассказывает, а студенты внимательно слушают.
Как сейчас рассказывает преподаватель и как слушают студенты? (状语)
5) Они сейчас катаются на лодке. Кто сейчас катается на лодке? (主语)
6) Нина и Оля разговаривают, Максим и Сергей играют в шахматы.
Кто играет в шахматы? (主语)
7) Этот завод очень большой. Какой завод очень большой? (定语)
8) Здесь мой билет, а там твой билет. Где мой билет? (定语)
9) Этот паспорт мой, а тот паспорт твой. Чей этот паспорт, а чей тот паспорт? (表语)
10) Все мои друзья — студенты. Кто твои друзья? (表语)

4. 找出下列句中的主语、谓语和定语,并将句子译成汉语。
(单线表示主语,双线表示谓语,浪线表示定语。)

1) Это современный город. 这是一座现代化的城市。
2) Это мой друг. 这是我的朋友。
3) Мои друзья — физики. 我的朋友们是物理系的大学生。
4) Эта комната моя, а та комната твоя. 这间房间是我的,而那间房间是你的。
5) Берёза — моё любимое дерево. 白桦树是我喜爱的树。
6) Здесь воздух свежий. 这里空气清新。
7) Та девушка понимает по-русски. 那个姑娘懂俄语。
8) Каждый день я много читаю по-русски. 每天我读俄语都读得很多。(我每天花好多时间读俄语。)
9) Сейчас мы гуляем и разговариваем. 现在我们边散步边聊天。
10) Сегодня я не работаю, а отдыхаю. 今天我不工作,(而)休息。

5. 回答问题,注意做主语用的指示词 это 和做定语用的指示代词 этот, эта, это, эти 的用法。

1) Чей это плейер? Это его плейер.
2) Чей этот паспорт? Это её паспорт.

3) Чья это книга? <u>Это моя книга.</u>

4) Чья эта комната? <u>Эта комната моя.</u>

5) Чьё это новое платье? <u>Это новое платье моё.</u>

6) Чьё это пальто? <u>Это твоё пальто.</u>

7) Чьи это вещи? <u>Это мои вещи.</u>

8) Чьи эти деньги? <u>Эти деньги наши.</u>

6. 用右面的词替换划线词，然后回答问题。

1) Кто хорошо танцует?

—<u>Твои друзья</u> хорошо танцуют? —Да, они хорошо танцуют.

—<u>Он</u> хорошо танцует? —Да, он хорошо танцует.

—<u>Она</u> хорошо танцует? —Да, она хорошо танцует.

2) Кто здесь работает?

—<u>Они</u> здесь работают? —Да, они здесь работают.

—<u>Иванова</u> здесь работает? —Да, Иванова здесь работает.

—<u>Вера</u> здесь работает? —Да, она здесь работает.

3) Вы понимаете по-русски?

—<u>Тот молодой человек</u> понимает по-русски? —Да, он понимает по-русски.

4) Этот артист хорошо поёт?

—<u>Эти молодые люди</u> хорошо поют? —Да, они хорошо поют.

5) Кто быстро бегает?

—<u>Та девушка</u> быстро бегает? —Да, она быстро бегает.

—<u>Максим</u> быстро бегает? —Да, он быстро бегает.

7. 读下列句子，找出副词，并译成汉语。

（画浪线的词即为副词）

1) —Какая погода бывает зимой? 冬天的天气如何？

—Зимой холодно. 冬天冷。

—Зимой идёт снег. 冬天下雪。

2) —Какая погода бывает весной? 春天的天气如何？

—Весной тепло. 春天暖和。

—Весной тает снег. 春天冰雪融化。

3) —Какая погода бывает летом? 夏天的天气如何？

—Летом жарко. 夏天热。

—Летом идёт дождь. 夏天下雨。

4) —Какая погода бывает осенью? 秋天的天气如何？

—Осенью прохладно. 秋天凉爽。

—Осенью дует ветер. 秋天刮风。

8. 读下列句子，分析句子成分，并译成汉语。

(单线表示主语，双线表示谓语，浪线表示定语。)

1) Чайко́вский — вели́кий ру́сский компози́тор. 柴可夫斯基是伟大的俄罗斯作曲家。
2) Пу́шкин — вели́кий ру́сский поэ́т и писа́тель. 普希金是伟大的俄罗斯诗人和作家。
3) Ре́пин — вели́кий ру́сский худо́жник. 列宾是伟大的俄罗斯画家。
4) Алла Пугачёва — изве́стная ру́сская певи́ца. 阿拉·普加乔娃是著名的俄罗斯歌唱家。
5) Оди́ннадцатый авто́бус здесь не остана́вливается. 11路公共汽车不在这儿不停(车)。

9. 翻译下列词组。

向前走 идти́ вперёд, 知名教授 изве́стный профе́ссор, 高大健壮的男子 кру́пный мужчи́на, 听得懂俄语 понима́ть по-ру́сски, 每个家庭 ка́ждая семья́, 饭做得好 вку́сно (хорошо́) гото́вить, 赚很多钱 зараба́тывать мно́го (хорошо́), 1路公共汽车 пе́рвый авто́бус, 懂英语 понима́ть по-англи́йски, 学习好 хорошо́ учи́ться

10. 翻译下列句子。

1) 您能听得懂汉语吗？
   Вы понима́ете по-кита́йски?
2) 我们的导游讲得很有趣。
   Наш гид о́чень интере́сно расска́зывает.
3) 我们家夏天常在这里休息。
   Ле́том на́ша семья́ ча́сто отдыха́ет здесь.
4) 每年都有俄罗斯游客到这里来。
   Ка́ждый год росси́йские тури́сты приезжа́ют сюда́.
5) 孩子们在游泳，父母在晒太阳。
   Де́ти пла́вают, а роди́тели загора́ют.
6) 我们白天学习，晚上休息。你们呢？
   Днём мы занима́емся, ве́чером отдыха́ем. А вы?
7) 这位老人每天早晨都跑步。
   Э́тот пожило́й челове́к ка́ждый день у́тром бе́гает.
8) 晚上，年轻人在这里唱歌、跳舞。
   Ве́чером молоды́е лю́ди тут пою́т, танцу́ют.
9) 哈尔滨是一座美丽的城市，特别是在冬天。
   Харби́н — краси́вый го́род, осо́бенно зимо́й.
10) 这些女孩舞跳得好，那些女孩歌唱得好。
    Э́ти де́вушки краси́во танцу́ют, а те хорошо́ пою́т.

11. 用下列单词造句。

Утром Са́ша встаёт о́чень по́здно. (встава́ть)

Что сейча́с де́лают Ира и Ната́ша? (де́лать)

Я ка́ждый день занима́юсь здесь. (занима́ться)

俄语

Максим купается, а я работаю. (купаться)

Я пишу, а сестра читает. (писать)

Мы ещё плохо понимаем по-русски. (понимать)

Они сегодня не работают. (работать)

Я уже немного понимаю по-английски. (немного)

Мои друзья старательно учатся. (старательно)

12. 用右边的单词续句子。

示例：① —Как дела? —Спасибо, хорошо.

② —Кто вы по профессии? —Я врач.

—Как жизнь? —Спасибо, хорошо.

—Как работа? —Спасибо, хорошо.

—Как здоровье? —Спасибо, хорошо.

—Как настроение? —Спасибо, хорошо.

—Как мама? —Спасибо, хорошо.

—Как дети? —Спасибо, хорошо.

—Как бабушка? —Спасибо, хорошо.

—Кто вы по профессии? —Я журналист.

—Кто вы по профессии? —Я бизнесмен.

—Кто вы по профессии? —Я продавец.

—Кто вы по профессии? —Я моряк.

—Кто вы по профессии? —Я повар.

—Кто вы по профессии? —Я преподаватель.

13. 按课文内容回答问题。

1) Ваша семья большая?

Наша семья небольшая: папа, мама, моя сестра и я.

2) Кто в вашей семье работает?

Папа, мама и сестра работают.

3) Где вы учитесь?

Хэйлунцзянский университет — мой университет. Я учусь там.

4) Кто папа по профессии? А кто мама?

Мой папа — инженер, а мама — учительница.

5) Кто хорошо поёт?

Мама хорошо поёт.

6) Кто хорошо плавает?

Папа хорошо плавает.

7) Как сестра работает?

Она работает старательно.

8) Кака́я ва́ша гости́ная?

На́ша гости́ная больша́я и ую́тная.

9) Как живёт ва́ша семья́?

Наша́ семья́ о́чень дру́жная. Мы живём счастли́во.

УРОК 3

一、语法要点

本课语法内容为：1. 动词第二式变位；2. 不规则动词变化；3. 名词单数第六格；4. 前置词 o 及 в, на(1)。

动词第二式变位：

动词第二式变位时需注意的问题：

1. 在 ж, ч, ш, щ 之后不用词尾 -ю, 而用词尾 -у；不用词尾 -ят, 而用词尾 -ат, 例如：учи́ться, учу́сь, у́чишься。
2. 有些动词变位时，重音移动；如果单数第二人称重音移动，则其他各人称重音也随之移动，例如：находи́ться, нахожу́сь, нахо́дишься。
3. 有些动词变位时，第一人称词尾前的辅音发生音变，例如：т — ч (шути́ть — шучу́)，д — ж (ходи́ть — хожу́)，с — ш (проси́ть — прошу́)，з — ж (вози́ть — вожу́)，ст — щ (пусти́ть — пущу́)，б — бл (люби́ть — люблю́)，п — пл'(купи́ть — куплю́)，в — вл' (гото́вить — гото́влю)，м — мл'(корми́ть — кормлю́) 等。
4. 有些以 -ать 结尾的动词也属于第二式变位。以 -ать 结尾的动词，变位时, -a- 脱落，无语音交替，例如：лежа́ть, слы́шать。不定式重音在 -á- 上时，一般重音在人称词尾，但 держа́ть, дыша́ть 除外, 例如：держу́, де́ржишь; дышу́, ды́шишь。不定式重音不在 -ать 上时，重音不动，例如：слы́шать, слы́шу, слы́шишь。
5. 以 -еть 结尾，变位时, -e- 脱落，例如：лете́ть, лечу́, лети́шь; оби́деть, оби́жу, оби́дишь。不定式重音在后缀 -é-ть 上时，人称形式重音通常在词尾上。但：смотре́ть, терпе́ть 例外，例如：смотре́ть, смотрю́, смо́тришь; терпе́ть, терплю́, те́рпишь。

此外，还有一些动词变化不规则，需单独掌握，例如：

бежа́ть бегу́, бежи́шь, бежи́т, бежи́м, бежи́те, бегу́т；

брить(ся) бре́ю(сь), бре́ешь(ся), бре́ет(ся), бре́ем(ся), бре́ете(сь), бре́ют(ся)；

хоте́ть хочу́, хо́чешь, хо́чет, хоти́м, хоти́те, хотя́т；

идти́ иду́, идёшь, идёт, идём, идёте, иду́т；

(由 идти́ 加前缀构成的动词，如：уйти́, прийти́, зайти́ 等也照此变化。)

е́хать е́ду, е́дешь, е́дет, е́дем, е́дете, е́дут；

(由 е́хать 加前缀构成的动词，如：уе́хать, прие́хать, вы́ехать 等也照此变化。)

быть бу́ду, бу́дешь, бу́дет, бу́дем, бу́дете, бу́дут；

(由 быть 加前缀构成的动词，如：прибы́ть 等也照此变化。)

есть ем, ешь, ест, еди́м, еди́те, едя́т;

（由 есть 加前缀构成的动词，如：пое́сть 等也照此变化。）

дать дам, дашь, даст, дади́м, дади́те, даду́т;

（дать 加前缀构成的动词，如：отда́ть, вы́дать, созда́ть 等也照此变化。）

名词单数第六格

1. 许多非动物性阳性名词（多半是单音节词，与前置词 в, на 连用表示处所、时间、行为方式时，第六格词尾不是 -е，而是带重音的 -у́(-ю́)，例如：в лесу́, в саду́, в бою́, на полу́；以 -ий 结尾的名词，第六格的词尾是 -и，例如：о ге́нии（关于天才）。
2. 某些名词与前置词 в, на 连用时，单数第六格重音移到词尾，例如：о сте́пи — в степи́。
3. 某些名词第六格的变化形式比较特殊，例如：

любо́вь — о любви́（关于爱情），此时，词干中的元音 -о 脱落；

мать — (о) ма́тери, дочь — (о) до́чери, 此时添加后缀 -ер。

4. 以 -мя 结尾的中性名词变化特殊，变第六格时，加后缀 -ен,例如：

и́мя — (об) и́мени, зна́мя — (о) зна́мени, вре́мя — о вре́мени。

前置词 о, в, на

前置词 о 在以元音开头的词前时，应为 об，例如：об учи́теле, об отце́, об э́том, 另外，与人称代词 я 的六格形式连用时，应是：обо мне́。

1. 前置词 в+名词六格

   1）表处所，例如：в саду́, в лесу́, в углу́, в университе́те, в шко́ле, в кинотеа́тре, в магази́не。

   2）表时间，例如：в ме́сяце, в году́。

   3）表状态，例如：в ремо́нте。

   4）表行为或事物所及范围，例如：знато́к в те́хнике, о́пыт в рабо́те。

2. 前置词 на+名词六格

   1）通常表示处所，例如：на у́лице, на стене́。

   2）有些名词习惯上与 на 连用，而不与 в 连用，例如：на заво́де и фа́брике, на аэродро́ме, на по́чте, на вокза́ле, на ро́дине, на о́строве, на се́вере, на конце́рте, на факульте́те, на ка́федре 等。

   3）表示时间，例如：на зака́те, на рассве́те, на всхо́де, на заре́, на досу́ге, на свобо́де, на э́той неде́ле, на днях。

   4）на 与一些名词连用，表示所使用的交通工具，例如：на авто́бусе, на самолёте, на маши́не, на теплохо́де, на метро́, на тролле́йбусе, на трамва́е, на электри́чке, на такси́, на велосипе́де 等。

二、重点词汇

говори́ть, -рю́, -ри́шь; что

  гро́мко ~, ти́хо ~, бы́стро ~, ме́дленно ~, ве́село ~

Маша быстро говорит по-китайски.

спорить, -рю, -ришь

горячо ~, серьёзно ~, часто ~, редко ~

Наши ребята всегда много спорят.

учиться, учусь, учишься

хорошо ~ , старательно ~, усердно ~, упорно ~, плохо ~

Юра старательно учится.

играть на гитаре

играть на + 表乐器的名词，表示"弹……, 拉……"

играть на фартепьяно, играть на скрипке, играть на дудке

Саша хорошо играет на скрипке.

шутить, шучу, шутишь

часто ~, редко ~, иногда ~, весело ~, зло ~

Ребята идут и весело шутят.

Мария серьёзная девушка, она никогда не шутит.

дышать, дышу, дышишь

тяжело ~, легко ~

Больной тяжело дышит.

видеть, вижу, видишь; кого-что

плохо ~, хорошо ~, прекрасно ~, отлично ~

Я близорукая. Плохо вижу.

любить, -блю, -бишь; кото-что

очень ~

смотреть, -рю, -ришь

внимательно ~

хотеть, хочу, хочешь, хочет, хотим, хотите, хотят

Мы хотим работать.

三、重点句型

Знаете ли вы, ...

Знаете ли вы, где находится Пекинский университет?

Знаете ли вы, почему Наташа плачет?

Знаете ли вы, когда обычно идёт снег в Москве?

Знаете ли вы, как Аня учится?

Скажите, пожалуйста, ...

Скажите, пожалуйста, где Иванов?

Скажите, пожалуйста, где находится ректорат?

одни́ ..., други́е ...

В аудито́рии студе́нты внима́тельно занима́ются. Одни́ пи́шут, перево́дят, други́е слу́шают и чита́ют.

四、言语练习（1）

1. —Кто стои́т на пло́щади?
   —Наш шофёр стои́т на пло́щади.
2. —Что стои́т на пло́щади?
   —Там стои́т па́мятник.
3. —О чём они́ спо́рят?
   —Они́ спо́рят об экску́рсии.
4. —О ком вы забо́титесь?
   —Мы забо́тимся о вас.
5. —Где рабо́тает ваш оте́ц?
   —Он рабо́тает в институ́те.
6. —Вы тепе́рь рабо́таете и́ли у́читесь?
   —Я учу́сь.
7. —Зна́ете ли вы, где у́чится Са́ша?
   —Он у́чится на на́шем факульте́те.

五、课文要点

1. На ка́федре лежа́т кни́ги, конспе́кты и мел. 此处的 ка́федра 释义为：讲台。当表示"谁"或什么在讲台上时，该名词要求与之搭配的前置词是 на, на ка́федре。动词 лежа́ть 除了具有"躺"的释义外，还表示：(平)放，所以本句中的...лежа́т кни́ги...表示的是：……(摆)放着书……。试析：(1) Я лежу́ на посте́ли. (2) На посте́ли лежи́т чемода́н. 前一个句子译文是：我躺在床上。第二句是：床上放着一个箱子。

2. Идёт уро́к. 此处的动词 идти́ 释义为：进行。Что идёт...? 表示：什么(活动)正在进行。Идёт уро́к.(正)在上课。再如：Идёт собра́ние. 在开会。

3. Одни́ студе́нты ку́рят и разгова́ривают в коридо́ре, други́е шумя́т и смею́тся в аудито́рии. 此处的 одни́ ..., други́е 表示某类人(物)中的一部分人(物)……，另一部分人(物)。例如：Одни́ зри́тели сидя́т в за́ле, други́е стоя́т в коридо́ре. 一些观众坐在大厅里，另一些观众站在走廊里。注意：одни́ ..., други́е 修饰的名词通常只用在 одни́ 后面，други́е 之后不再重复。

俄语

六、言语练习 (2)

1. 仿下面的句子造句。

    1) Простите, кто там сидит?

    2) Рядом сидят его друзья.

    3) —Какие знаменитые вузы находятся в столице?

    —Многие, например, Пекинский университет...

    4) Скажи, Саша, где продаются фрукты и шоколады?

2. 以第一人称形式转述课文的内容。

七、"范句"中需替换内容的答案

1. (—Где Саша <ребята, переводчик>?

    —Саша в номере. Ребята в баре. Переводчик в комнате.)

2. (—Кто <Что> стоит на берегу <в парке>?

    —На берегу стоят люди <дети, студенты>.

    —В парке стоят киоски.)

3. (—О чём они беспокоятся?

    —Они беспокоятся о работе.

    —О ком они беспокоятся?

    —Они беспокоятся о сыне.

    —О ком <чём> они говорят?

    —Они говорят о сыне <детстве>.)

4. (—О ком (чём) вы разговариваете <рассказываете>?

    —Мы разговариваем <рассказываю> о дочери <музыке, об истории>.)

5. (—Где ваш сын работает?

    —Он работает в Пекине <Москве, школе, ресторане>.

    —Он работает на заводе.)

6. (в Пекине <Харбине, Хабаровске>; во Владивостоке)

7. (в посольстве <фирме, банке>; на фабрике)

8. (в Ханчжоу <Сеуле, Париже, Риме>; на острове Хайнань)

9. (—Кто говорит по-русски <по-немецки, по-японски, по-корейски, по-французски>?

    —Я говорю по-русски <по-немецки, по-японски, по-корейски, по-французски>.)

10. (—Вы смотрите <шутите, готовите>?

    —Нет, я не смотрю <шучу, готовлю>.

11. (—Кто там ест <переводит, курит>?

    —Мой братья там едят <переводят, курят>.)

基础课 УРОК 3

八、课文译文

在课堂上

我们坐在教室里。这是我们的老师。讲台上放着书本、教案和粉笔。抹布放在黑板(槽)上。

老师说:"同学们,你们好!"

我们回答说:"老师好!"

(现在)正在上课。老师讲解并提问,我们听讲并回答。之后我们写(东西)。

"阿拉,为什么您不写呢?"老师问道。

"笔不写字了。"阿拉回答道。

"巴沙,那您在做什么呢?"老师问道。

"我边写边想。"巴沙说。

今天,巴沙和阿拉学习不太积极。

铃声响起……

课间时间到了。一些同学在走廊里边抽烟边聊天,另一些同学在教室里嬉笑喧嚷。

同学们很开心。

九、练习参考答案

УПРАЖНЕНИЯ И ЗАДАНИЯ

1. 用下列动词的相应形式填空。

говори́ть, сиде́ть, лежа́ть, находи́ться, стоя́ть, жить, гото́вить, учи́ться, слы́шать, спать

1) Я <u>сижу́</u> здесь. Ря́дом <u>сиди́т</u> Макси́м.

2) Вы <u>говори́те</u> по-ру́сски?

3) —Где Ма́ша?

—Она́ <u>лежи́т</u> в гости́нице.

4) Вы сейча́с рабо́таете и́ли <u>у́читесь</u>?

5) Мои́ роди́тели <u>живу́т</u> в дере́вне, а я <u>живу́</u> в го́роде.

6) Вы <u>гото́вите</u> на ку́хне?

7) Это кинотеа́тр, ря́дом <u>стои́т</u> музе́й.

8) Вы не зна́ете, где <u>нахо́дится</u> «Мир поля́рных живо́тных»?

9) Кто <u>спит</u> в но́мере?

10) Вы хорошо́ <u>слы́шите</u>?

2. 用名词一格或六格形式填空。

1) Наш го́род большо́й и совреме́нный.
   В го́роде везде́ дере́вья и цветы́.
2) Здесь нахо́дится большо́й магази́н.
   Ма́ша рабо́тает в магази́не.
3) Эта дере́вня о́чень краси́вая.
   На́ша семья́ живёт в дере́вне.
4) Это са́мая больша́я пло́щадь.
   На пло́щади стоя́т маши́ны.
5) Этот заво́д о́чень большо́й.
   Мой друг рабо́тает на заво́де.
6) Что э́то за зда́ние?
   Это зда́ние — Музе́й кита́йской револю́ции.
7) Москва́ — столи́ца РФ.
   Моя́ подру́га у́чится в Москве́.
8) Вот городско́е прави́тельство.
   Мой оте́ц рабо́тает в прави́тельстве.
9) Это о́чень чи́стый проспе́кт.
   На́ша гости́ница нахо́дится на проспе́кте Мир.
10) Это мой друг Са́ша.
    О Са́ше я мно́го зна́ю.
11) Это знамени́тая фи́рма.
    Мой брат рабо́тает в э́той фи́рме.

3. 记住下列第六格词尾为 -у, -ю 的名词,并将其译成汉语。

на балу́ — 在舞会上   на берегу́ — 在岸边
на боку́ — 在侧面;侧身   на ветру́ — 在风口
на виду́ — 当着大家的面   в глазу́ — 在眼睛里
в году́ — 在一年里   в дыму́ — 在烟雾中
в жару́ — 冒着酷暑   на жару́ — 冒着酷暑
в краю́ — 在边上   на краю́ — 在边上
в кругу́ — 在圈中   на лбу́ — 额头上
в лесу́ — 在林中   на лугу́ — 在草地上
на льду́ — 在冰上   на мосту́ — 在桥上
в носу́ — 鼻子里   в поту́ — 都是汗
во рту́ — 在嘴里   в ряду́ — 在……排,在……行
на снегу́ — 在雪地上   на ходу́ — 在行驶中;在走路中
в углу́ — 在角落里   в шкафу́ — 在柜子里

基础课 УРОК 3

4. 回答问题。

1) —Скажи́те, пожа́луйста, что стои́т на пло́щади?
   —На пло́щади (Там) стои́т па́мятник.
      (... стоя́т маши́ны, авто́бусы.)
   —Скажи́те, пожа́луйста, что есть в музе́е?
   —В музе́е (Там) есть карти́ны, скульпту́ры.
   —Скажи́те, пожа́луйста, что есть в па́рке?
   —В па́рке (Там) есть ре́чка, мо́стик, цветы́.
   —Скажи́те, пожа́луйста, кто ва́ши роди́тели?
   —Мои́ роди́тели — преподава́тели.
      (Мой па́па — инжене́р, моя́ ма́ма — учи́тельница.)
   —Скажи́те, пожа́луйста, кто хорошо́ говори́т по-ру́сски?
   —Наш ста́роста (Ма́ша) хорошо́ говори́т по-ру́сски.
   —Скажи́те, пожа́луйста, где нахо́дится гости́ница?
   —Гости́ница нахо́дится на той у́лице.
   —Скажи́те, пожа́луйста, где вы у́читесь?
   —Я учу́сь в Пеки́нском университе́те.

2) —Ты не зна́ешь, где живёт их семья́?
   —Их семья́ живёт в Харби́не.
   —Ты не зна́ешь, где наш гид и авто́бус?
   —Вон там.
      (Извини́те, я не зна́ю.)
   —Ты не зна́ешь, где рабо́тает э́та де́вушка?
   —Она́ рабо́тает в магази́не.
   —Ты не зна́ешь, кто там сиди́т?
   —Наш ре́ктор сиди́т там.
   —Ты не зна́ешь, кто там разгова́ривает по-англи́йски?
   —Наш гид и тури́сты там разгова́ривают по-англи́йски.

5. 将括号里的词变成适当的形式。

1) Что вы зна́ете о (Москве́)?
2) Они́ спо́рят о (му́зыке).
3) О (Япо́нии) он мно́го зна́ет.
4) Гид расска́зывает о (Харби́не).
5) Я пишу́ об (экску́рсии).

6. 用前置词 в, на 填空。

1) —Ма́ма, на чём мы е́дем в парк?
   —Мы е́дем <u>на</u> авто́бусе.

2) —Сегодня мы едем на такси, а не на автобусе.

—Хорошая идея. В это время в автобусе много народу.

3) —Машина в ремонте, сегодня мы едем на такси.

—Хорошо. Или на троллейбусе.

4) —Я обычно еду в Пекин на поезде. А ты?

—А я люблю на самолёте.

5) —Я хочу жить в деревне. Там тихо и уютно. А ты?

—Я люблю жить в городе. Здесь интересно и удобно.

6) —На каком заводе работает ваш отец?

—Он не на заводе работает. Он работает в университете.

7. 续句子,并回答问题。

1) Скажите, пожалуйста, что стоит на площади (висит на стене, лежит на столе)?

2) Скажите, пожалуйста, кто Петя? (кто хорошо поёт? кто громко читает?)

3) Скажите, пожалуйста, где буфет (выход)?

4) Вы не знаете, где наш шофёр (деканат)?

5) Вы не знаете, кто тот молодой человек (та девушка)?

6) Вы не знаете, что это за здание (это такое)?

8. 针对斜体词做肯定及否定的回答。

1) —Ваш гид *хорошо* говорит по-русски?

—Да, он хорошо говорит по-русски.

—Нет, он плохо говорит по-русски.

2) —Вы *говорите* по-китайски?

—Да, я говорю по-китайски.

—Нет, я не говорю по-китайски.

3) —Те ребята тоже *говорят* по-русски?

—Да, они тоже говорят по-русски.

—Нет, они не говорят по-русски.

4) —*Здесь* сидят Маша и Борис?

—Да, они сидят здесь.

—Нет, не здесь.

5) —*Ты* сидишь здесь?

—Да, я (сижу здесь).

—Нет, не я.

6) —На столе лежат *твои* журналы?

—Да, мои.

—Нет, не мои.

7) —Твоя́ су́мка лежи́т там?
   —Да, моя́.
   —Нет, не моя́.

8) —Вы занима́етесь в библиоте́ке?
   —Да, я там занима́юсь.
   —Нет, не занима́юсь.

9) —Наш авто́бус стои́т там?
   —Да, он стои́т там.
   —Нет, не там.

10) —Вы здесь у́читесь?
    —Да, я здесь учу́сь.
    —Нет, не учу́сь, а рабо́таю.

9. 回答问题。

1) —Где вы отдыха́ете ле́том?
   —Ле́том я обы́чно отдыха́ю на Се́вере (в дере́вне, в Пеки́не).

2) —Где ваш муж рабо́тает?
   —Он рабо́тает на заво́де (в музе́е, на тамо́жне).

3) —Где ваш друг у́чится?
   —Он у́чится в медици́нском институ́те (в Пеки́нском университе́те).

4) —Где ва́ша семья́ живёт?
   —На́ша семья́ живёт на о́строве Хайна́нь (в го́роде Нанькин).

5) —Как вы у́читесь?
   —Норма́льно. (Хорошо́. Непло́хо. Пло́хо).

6) —Что вы хоти́те, чай и́ли ко́фе?
   —Чай, пожа́луйста.

7) —Где нахо́дится пло́щадь Тяньаньмэ́нь?
   —В Пеки́не.

8) —Кака́я карти́на виси́т на стене́?
   —На стене́ виси́т больша́я и краси́вая карти́на.

9) —Когда́ вы обы́чно встаёте?
   —Я обы́чно ра́но встаю́.

10) —Почему́ все студе́нты собира́ются на пло́щади?
    —Не зна́ю.

11. 将下列句子译成汉语。

1) Я пло́хо говорю́ по-ру́сски, но я краси́во пишу́ по-ру́сски.
   我俄语讲得不好,但是我(俄语)写得漂亮。

2) Я не шучу́, я серьёзно говорю́.
   我没开玩笑,我是认真(说)的。

3) Утром я встаю, умываюсь, бреюсь, потом завтракаю.
   早晨起床(后)，我洗脸，刮胡子，然后吃早饭。

4) На берегу стоит высокий памятник.
   岸边耸立着一座高(大)的纪念碑。

5) Днём мы обедаем в столовой, а вечером ужинаем в ресторане.
   白天我们在食堂吃饭，晚上在饭店吃(晚饭在饭店吃)。

6) Мой муж работает в посольстве. Он советник.
   我丈夫在使馆工作。他是参赞。

12. 用右边的词续句子，并回答问题。

    示例：—Где продаётся колбаса(香肠)?
    　　　—В буфете.

    —Где продаётся рис (хлеб, мясо, рыба, молоко, картофель)?

    —В гастрономе. (На рынке.)

    —Где продаются овощи?

    —В гастрономе. (На рынке.)

    —Где продаётся хлеб?

    —В булочной продаётся хлеб.

13. 翻译下列句子。

    1) 现在玛莎在房间里躺着。
       Сейчас Маша лежит в комнате.
    2) 谢尔盖很喜欢弹吉他。
       Сергей очень любит играть на гитаре.
    3) 晚上我经常在花园里散步。
       Вечером я часто гуляю в саду.
    4) 我在大学读书，我的朋友鲍里斯在工厂工作。
       Я учусь в университете, мой друг Борис работает на заводе.
    5) 你喜欢在哪儿休息，海边还是农村？
       Где ты любишь отдыхать, на море (на берегу моря) или в деревне?
    6) 北京是我们伟大的首都。
       Пекин — наша великая столица.
    7) 北京大学是著名的大学。
       Пекинский университет — знаменитый (известный) университет.
    8) 农村的空气新鲜。
       Воздух в деревне свежий.
    9) 您为什么不在房间里休息？
       Почему вы не отдыхаете в комнате?
    10) 我通常在家吃早饭，有时也在小吃店吃早饭。
        Я обычно завтракаю дома, но иногда и в буфете (завтракаю).

14. 按课文内容回答问题。

1) Кто сидит в аудитории?

   Мы сидим в аудитории.

2) Что лежит на кафедре?

   На кафедре лежат книги, конспекты и мел.

3) Что делает преподаватель на занятиях?

   На занятиях преподаватель объясняет и спрашивает.

4) А что вы делаете на занятиях?

   Мы слушаем и отвечаем.

5) Почему Алла не пишет?

   Ручка (у неё) не пишет.

6) Что Паша делает, когда другие студенты пишут?

   Он пишет и думает.

7) Что студенты делают во время перемены?

   Одни курят и разговаривают в коридоре, другие шумят и смеются в аудитории.

УРОК 4

本课语法内容为：1. 名词复数第六格；2. 疑问代词 какой 和形容词的单数、复数第六格；3. 疑问代词 чей 和物主代词的单数、复数第六格；4. 限定代词和指示代词的单数、复数第六格；5. 人称代词第六格；6. 动词的过去时。

名词复数第六格

下列名词的复数第六格形式为：

люди—о людях

дети—о детях

родители—о родителях

братья—о братьях

друзья—о друзьях

хозяева—о хозяевах。

前置词 в 与限定代词 весь 的第六格连用时应为 во，例如：
во всём Китае，во всех городах。
前置词 о 与限定代词 весь 连用时应为 обо，例如：обо всём，обо всей，обо всех。

动词的过去时

1）带-ся 动词的过去时形式与不带-ся 动词的过去时形式相同，但在辅音后为-ся，在元音后则为-сь。例如：заниматься, занимался, занималась, занималось, занимались；

2）有些动词构成过去时形式时重音移动，例如：жить—жил, жила, жило, жили；ждать—ждал, ждала, ждало, ждали；

3）动词 идти 的过去时形式为：шёл, шла, шло, шли；

4）有些动词的过去时变化比较特殊，例如：есть—ел, ела, ело, ели；мочь—мог, могла, могло, могли。

二、重点词汇

скучать, -аю, -аешь

Мы очень скучаем о родителях.

поблизости
    Есть ли здесь поблизости аптека?
побывать, -аю, -аешь
    Аня уже побывала во многих российских городах.

三、重点句型

1. На чём едут на работу ваши преподаватели? 此处前置词 на 加名词第六格表示乘坐的交通工具。例如：на автобусе, на самолёте, на теплоходе, на велосипеде 等。
2. Где вы останавливаетесь? 动词 останавливаться 释义为：停住，停下来；在本课中释义为：住。通常情况下，当表示"住宾馆"时，应该译成：останавливаться в гостинице，而不讲：жить в гостинице。
3. Вы выходите на этой остановке? 动词 выходить 释义为：出去。本句中表示"下车"的意义。
4. Всё в порядке. 一切正常。

四、言语练习（1）

1. Часто ли ты вспоминаешь о своей школьной жизни?
2. Как готовят в вашей столовой? 这是不定人称句。不定人称句中谓语用复数第三人称表示。

五、课文要点

1. Когда они едут в другой город, они всегда заранее заказывают номер в гостинице. "Когда..."表示"当……（时候）"。
2. на прошлой неделе 在上周。表示"在哪周，哪星期"时用前置词 на+六格。

六、言语练习（2）

1. 使用下列句子编写对话。
    1) На каком этаже находится ваш факультет?
    2) Простите, есть ли поблизости Интернет-кафе?
    3) В каких местах вы уже побывали?
    4) Понятно.

2. 以第一人称形式转述课文。

七、"范句"中需替换内容的答案

1. (—В каком магазине продаёт (-ют)ся йогурт <торт, печенье, конфеты>?
   —В продуктовом <кондитерском> магазине.)
2. (метро <велосипедах, мотоциклах>)
3. (этом красивом доме <этих больших номерах>)
4. (счастливой жизни <народных героях, красивой природе>)
5. (философском <физическом, экономическом>)
6. (первом <втором>)
7. (вашем <твоём, его, её, их>)
8. (шестом, <восьмом, девятом, десятом>)
9. (—О ком писали в газете (-ах) эти женщины?
   —Обо мне. <О нём, о ней.>
   —О ком вспоминали эти женщины?
   —Обо мне. <О нём, о ней.>)
10. (—На каком факультете вы учились?
    —Я учился на юридическом факультете.
    —Где ты ужинал?
    —В вашей столовой.)
11. (своём номере <своём кабинете>)

八、课文译文

在宾馆

阿廖沙和塔尼亚经常去旅游。(当)他们去别的城市的时候,(他们)总是预订宾馆的房间。在不同的城市里他们或留宿在宽敞奢华的宾馆里,或留宿在小旅馆里。

上周他们去了圣彼得堡。在那里他们住在"莫斯科宾馆"。宾馆虽不在市中心,却临近地铁。

阿廖沙和塔尼亚住在(这家宾馆)六层的一个双人间(里)。房间设施非常齐全。餐厅位于一层。小卖部在二楼。这家宾馆的员工彬彬有礼,态度友善。

九、练习参考答案

УПРАЖНЕНИЯ И ЗАДАНИЯ

1. 朗读下列句子,用右边的词组替换句中斜体词组。

   1) Мы говорили *о новом фильме*.

基础课 УРОК 4

Мы говорили о своей родине (о старой деревне, о счастливой жизни, о пекинской опере).

2) Мы слушали рассказ *об истории Китая*.

Мы слушали рассказ об этом учёном (о китайской литературе, о путешествии, о прошлом).

3) Мой брат работает *в первой школе*.

Мой брат работает в Пекинском университете (в городской больнице, на тракторном заводе, на Харбинском вокзале).

4) Мы поём *о Родине*.

Мы поём о добрых людях (о золотой осени, о большом урожае).

2. 用右边的形容词或顺序数词、代词的适当形式回答问题。

1) В каком доме вы живёте?

Я живу в том красивом (новом, высоком, большом, красном, жёлтом) доме.

2) В каком здании вы работаете?

Я работаю в этом новом (высоком, большом, сером, красивом) здании.

3) В какой комнате вы живёте?

Я живу в новой (большой, красивой, тёплой, маленькой, светлой, чистой) комнате.

4) На каком этаже ваш номер?

Наш номер на первом (втором, третьем, четвёртом, пятом, шестом) этаже.

5) О чём он вас спрашивал?

Он спрашивал о моей (твоей, его, её, их, нашей, вашей) работе.

Он спрашивал о моём (твоём, его, её, вашем) здоровье.

3. 把斜体词变成复数第六格形式。

1) Он живёт в *большой, светлой комнате*.

Они живут в больших, светлых комнатах.

2) В *этом новом и высоком здании* живут иностранные туристы.

В этих новых и высоких зданиях живут иностранные туристы.

3) В *этом письме* он рассказывает о жизни в университете.

В этих письмах он рассказывает о жизни в университете.

4) В газете писали об *этом известном герое*.

В газете писали об этих известных героях.

5) Они говорят о *своём иностранном преподавателе*.

Они говорят о своих иностранных преподавателях.

6) Вчера мы говорили об *этом интересном фильме*.

Вчера мы говорили об этих интересных фильмах.

7) В прошлое воскресенье они гуляли в *городском парке*.

В прошлое воскресенье они гуляли в *городских парках*.

8) Ты слушал передачу об *этой средней школе*?

Ты слушал передачу об *этих средних школах*?

9) В *этой песне* народ поёт о своей родине.

В *этих песнях* народ поёт о своей родине.

10) Туристы остановились в *этой новой и красивой гостинице*.

Туристы остановились в *этих новых и красивых гостиницах*.

4. 将下列动词变成过去时形式。

брать → брал, брала, брало, брали;

быть → был, была, было, были;

видеть → видел, видела, видело, видели;

есть → ел, ела, ело, ели;

ждать → ждал, ждала, ждало, ждали;

жить → жил, жила, жило, жили;

пить → пил, пила, пило, пили;

знать → знал, знала, знало, знали;

играть → играл, играла, играло, играли;

идти → шёл, шла, шло, шли;

любить → любил, любила, любило, любили;

мочь → мог, могла, могло, могли;

писать → писал, писала, писало, писали;

бриться → брился, брилась, брилось, брились;

загорать → загорал, загорала, загорало, загорали;

говорить → говорил, говорила, говорило, говорили;

готовить → готовил, готовила, готовило, готовили;

заботиться → заботился, заботилась, заботилось, заботились;

завтракать → завтракал, завтракала, завтракало, завтракали;

беспокоиться → беспокоился, беспокоилась, беспокоилось, беспокоились;

заказывать → заказывал, заказывала, заказывало, заказывали;

вспоминать → вспоминал, вспоминала, вспоминало, вспоминали.

5. 回答下列问题。

1) О ком поют певцы?

Они поют о нашей жизни, о нашем народе.

2) О чём вы поёте?

Мы поём о нашей студенческой жизни.

3) О чём вы спорили?

Мы спорили об одном интересном вопросе.

4) В каких домах жили крестьяне в прошлом? А теперь?

Тогда они жили в маленьких старых домах. Теперь они живут в больших новых домах.

5) О чём вы разговаривали?

Мы разговаривали о спорте, о литературе, об искусстве.

6) О чём рассказывал ваш гид?

Он рассказзыл о Санкт-Петербурге, о Московском Государственном университете.

7) На каком заводе работает ваш отец?

Мой отец работает на небольшом, но современном заводе.

8) Хорошо ли вы знаете о нашей стране?

Я учусь в Китае только месяц, поэтому ещё плохо знаю о вашей стране.

9) О ком вы часто вспоминаете?

Мы часто вспоминаем о нашем первом учителе.

10) О чём вы часто вспоминаете?

Мы часто вспоминаем о том, как мы учились на родине.

6. 将括号中的代词变成第六格形式。

1) Вот наш город. В (нём) большие заводы, высокие здания.

2) Это Первая школа. О (ней) часто пишут в газетах.

3) Вы видите тот большой дом? Раньше в (нём) жил известный поэт.

4) Вот картина. На (ней) леса, поля и горы.

5) Анна Петровна, о (вас) спрашивали ребята.

6) Это наша гостиница. В (ней) светлые и чистые номера.

7) Вот Шестая школа. В (ней) учится моя сестра.

8) Они известные герои. О (них) знает каждый из нас.

9) Вчера я получил письмо. В (нём) отец пишет, что на следующей неделе он едет в Шанхай.

10) Мы знаем реку Хуанхэ. О (ней) много поют.

7. 将括号里的名词变成第六格形式。

1) Мы едем в город на (автобусе).

2) В этих (автобусах) едут иностранные туристы.

3) Во (всех городах) идёт большое строительство.

4) Я люблю слушать рассказы о (русской природе).

5) Мы говорим об (интересном романе).

6) В (деревнях) теперь люди живут хорошо.

7) На (главных улицах) находятся большие магазины, театры.

8) В (этих универмагах) вчера мы уже были.

9) Вечером я часто гуляю в (этом парке).

10) В (этих новых домах) живут крестьяне.

俄语

8. 用 смотре́ть—ви́деть, слу́шать—слы́шать 填空。

1) Я о́чень хорошо́ ви́жу и слы́шу.

2) Он слу́шает (смо́трит) о́чень внима́тельно.

3) Мы хорошо́ слы́шим, что гид говори́т.

4) Ма́ша о́чень лю́бит слу́шать му́зыку. Она́ ча́сто слу́шает ра́дио.

5) Ба́бушка о́чень лю́бит смотре́ть, когда́ де́ти игра́ют.

9. 按课文内容回答问题。

1) Кто мно́го путеше́ствует?

   Алёша и Та́ня мно́го путеше́ствуют.

2) Где они́ остана́вливались, когда́ путеше́ствовали?

   Когда́ они́ путеше́ствовали, они́ остана́вливались и в больши́х шика́рных оте́лях, и в ма́леньких гости́ницах.

3) Когда́ они́ бы́ли в Санкт-Петербу́рге?

   Они́ бы́ли в Санкт-Петербу́рге на про́шлой неде́ле.

4) В како́й петербу́ргской гости́нице они́ останови́лись?

   Там они́ останови́лись в гости́нице «Москва́».

5) Где нахо́дится э́та гости́ница?

   Гости́ница нахо́дится не в це́нтре, но ря́дом метро́.

6) На како́м этаже́ нахо́дится их но́мер?

   Их но́мер нахо́дится на шесто́м этаже́.

7) Како́й э́то был но́мер?

   Э́то был но́мер со все́ми удо́бствами.

8) Каки́е рабо́тники обслу́живали их в э́той гости́нице?

   Ве́жливые и доброжела́тельные рабо́тники обслу́живали их в э́той гости́нице.

10. 翻译下列句子。

1) 上个月我们和父亲去过圣彼得堡。

   В про́шлом ме́сяце мы и оте́ц бы́ли в Санкт-Петербу́рге.

2) 这些员工非常和善, 所有人都彬彬有礼。

   Э́ти рабо́тники о́чень до́брые и доброжела́тельные (ве́жливые).

3) 游客们在谈论昨天的游览。

   Тури́сты говоря́т о вчера́шней экску́рсии.

4) 阿廖沙和丹尼娅住进了那家豪华宾馆。

   Алёша и Та́ня останови́лись в той шика́рной гости́нице.

5) 这家商店卖各种纪念品。

   В э́том магази́не продаю́тся ра́зные сувени́ры.

6) 我想看那部讲著名演员的电影。

   Я хочу́ посмотре́ть тот фильм, что (кото́рый) говори́т об изве́стном арти́сте.

7) 我们曾非常喜欢旅游, 去过很多地方。

   Мы о́чень люби́ли путеше́ствовать и бы́ли (побыва́ли) во мно́гих места́х.

8) 以前我没到过北京，这是第一次。

Ра́ньше я не́ был в Пеки́не, э́то пе́рвый раз.

11. 将下列句子译成汉语。

1) В на́шей столо́вой гото́вят не о́чень вку́сно.
我们食堂的饭菜做得不太可口。

2) —О чём пою́т э́ти де́вушки?
—О любви́, о Роди́не, о весне́.
—这些姑娘在歌唱什么？
—歌唱爱情、歌唱祖国、歌唱春天。

3) Декана́т нахо́дится на пя́том этаже́, а на́ша аудито́рия — на тре́тьем.
系办公室在五楼，我们的教室在三楼。

4) —На чём вы е́здите на рабо́ту?
—Обы́чно на метро́, но иногда́ и на авто́бусе.
—您上班乘什么车？
—通常乘地铁，但有时也坐公共汽车。

5) Почему́ ты не идёшь на заня́тия?
你为什么不去上课？

12. 续句子。

1) Вчера́ у́тром я встал по́здно и не де́лал заря́дку.
2) На столе́ лежа́т кни́ги, конспе́кты и моя́ ру́чка.
3) В магази́не Овощи́ и фру́кты мы покупа́ем бана́ны, я́блоки, гру́ши и о́вощи.
4) На собра́нии студе́нты говори́ли об учёбе и жи́зни в университе́те.
5) То высо́кое зда́ние — наш гла́вный уче́бный ко́рпус.

13. 连词成句。

1) Я, учи́ться, в, Хэйлунцзя́нский, университе́т, а, мой, сестра́, в Пеки́нский, педагоги́ческий, университе́т.
Я учу́сь в Хэйлунцзя́нском университе́те, а моя́ сестра́ — в Пеки́нском педагоги́ческом университе́те.

2) Вчера́, мы, смотре́ть, фильм, о, любо́вь.
Вчера́ мы смотре́ли фильм о любви́.

3) Я, сиде́ть, в, библиоте́ка, и, чита́ть, кни́ги.
Я сижу́ в библиоте́ке и чита́ю кни́ги.

4) Пе́тя, ча́сто, вспомина́ть, о, свой, пе́рвый, учи́тель.
Пе́тя ча́сто вспомина́ет о своём пе́рвом учи́теле.

5) На, зи́мние, кани́кулы, Ми́ша, отдыха́ть, в, дере́вня, а, Ве́ра, на, ю́жный, куро́рт.
На зи́мних кани́кулах Ми́ша отдыха́л в дере́вне, а Ве́ра — на ю́жном куро́рте.

Повторение I
Упражнения и задания

1. 说出下列名词的复数形式，注意重音。

   1) сад→сады́, врач→врачи́, пляж→пля́жи, стари́к→старики́, чемода́н→чемода́ны, студе́нт→студе́нты, тури́ст→тури́сты

   2) день→дни, санато́рий→санато́рии, води́тель→води́тели, преподава́тель→преподава́тели

   3) страна́→стра́ны, подру́га→подру́ги, ю́ноша→ю́ноши, де́вушка→де́вушки, гости́ница→гости́ницы

   4) алле́я→алле́и, дере́вня→дере́вни, фами́лия→фами́лии

   5) вещь→ве́щи, крова́ть→крова́ти, пло́щадь→пло́щади

   6) дом→дома́, го́род→города́, но́мер→номера́, о́стров→острова́, кита́ец→кита́йцы, япо́нец→япо́нцы, па́спорт→паспорта́, россия́нин→россия́не

   7) брат→бра́тья, стул→сту́лья, стол→столы́, друг→друзья́, де́рево→дере́вья

   8) и́мя→имена́, по́ле→поля́, ме́сто→места́, зда́ние→зда́ния, вре́мя→времена́

2. 说出下列动词的各人称形式。

   1) чита́ть→чита́ю, чита́ешь, чита́ет, чита́ем, чита́ете, чита́ют
   де́лать→де́лаю, де́лаешь, де́лает, де́лаем, де́лаете, де́лают
   петь→пою́, поёшь, поёт, поём, поёте, пою́т
   танцева́ть→танцу́ю, танцу́ешь, танцу́ет, танцу́ем, танцу́ете, танцу́ют
   разгова́ривать→разгова́риваю, разгова́риваешь, разгова́ривает, разгова́риваем, разгова́риваете, разгова́ривают
   помога́ть→помога́ю, помога́ешь, помога́ет, помога́ем, помога́ете, помога́ют
   жить→живу́, живёшь, живёт, живём, живёте, живу́т
   писа́ть→пишу́, пи́шешь, пи́шет, пи́шем, пи́шете, пи́шут
   встава́ть→встаю́, встаёшь, встаёт, встаём, встаёте, встаю́т
   чу́вствовать→чу́вствую, чу́вствуешь, чу́вствует, чу́вствуем, чу́вствуете, чу́вствуют
   собира́ться→собира́юсь, собира́ешься, собира́ется, собира́емся, собира́етесь, собира́ются
   брать→беру́, берёшь, берёт, берём, берёте, беру́т
   взять→возьму́, возьмёшь, возьмёт, возьмём, возьмёте, возьму́т
   умыва́ться→умыва́юсь, умыва́ешься, умыва́ется, умыва́емся, умыва́етесь, умыва́ются
   мочь→могу́, мо́жешь, мо́жет, мо́жем, мо́жете, мо́гут

   2) люби́ть→люблю́, лю́бишь, лю́бит, лю́бим, лю́бите, лю́бят
   сиде́ть→сижу́, сиди́шь, сиди́т, сиди́м, сиди́те, сидя́т
   стоя́ть→стою́, стои́шь, стои́т, стои́м, стои́те, стоя́т

基础课 ПОВТОРЕНИЕ I

звони́ть→звоню́, звони́шь, звони́т, звони́м, звони́те, звоня́т
говори́ть→говорю́, говори́шь, говори́т, говори́м, говори́те, говоря́т
хоте́ть→хочу́, хо́чешь, хо́чет, хоти́м, хоти́те, хотя́т
лежа́ть→лежу́, лежи́шь, лежи́т, лежи́м, лежи́те, лежа́т
ви́деть→ви́жу, ви́дишь, ви́дит, ви́дим, ви́дите, ви́дят
слы́шать→слы́шу, слы́шишь, слы́шит, слы́шим, слы́шите, слы́шат
учи́ться→учу́сь, у́чишься, у́чится, у́чимся, у́читесь, у́чатся
находи́ться→нахожу́сь, нахо́дишься, нахо́дится, нахо́димся, нахо́дитесь, нахо́дятся

3. 用下列各词组词。

ста́рые брю́ки, живопи́сный го́род, росси́йский учи́тель, совреме́нный вуз, дре́вний па́мятник, истори́ческий факульте́т, разнообра́зные фру́кты, популя́рный фильм, ую́тный оте́ль, до́брые роди́тели

4. 将括号里的代词和形容词变成相应的形式。

1) Кака́я (хоро́шая) пого́да!
2) То (высо́кое) зда́ние — (на́ша) гости́ница.
3) (Этот) мужчи́на — (ваш) води́тель.
4) (Чья) э́то су́мка?
5) Это (вчера́шняя) газе́та.
6) Эти фо́то и пи́сьма (твои́)?
7) (Чьи) э́то де́ньги?
8) (Каки́е) города́ Пеки́н и Шанха́й?
9) (Все э́ти) кни́ги о́чень (интере́сные).
10) (Эти) морски́е проду́кты (све́жие)?
11) (Те) места́ (на́ши)?
12) Здесь есть (больши́е, совреме́нные) предприя́тия.
13) Где (на́ши) ребя́та?
14) (Эти) ве́щи (мои́), а те — (твои́).
15) Пеки́н и Сиа́нь — (дре́вние) города́.

5. 将括号里的动词变成相应的人称形式。

Меня́ зову́т Макси́м. Я (учу́сь) в институ́те. Утром я ра́но (встаю́), (умыва́юсь), немно́го (бе́гаю) и (за́втракаю). Ка́ждый день я мно́го (чита́ю), (пишу́) по-ру́сски. Все на́ши ребя́та мно́го (рабо́тают). Сейча́с мы уже́ немно́го (говори́м) и (понима́ем) по-ру́сски.

Ве́чером вся на́ша семья́ (отдыха́ет) до́ма: мы (слу́шаем) ра́дио, (чита́ем) газе́ты и (разгова́риваем). Я (люблю́) игра́ть в ша́хматы и́ли в ка́рты.

6. 选择适当的动词填空。

   разгова́ривать   говори́ть   расска́зывать

   1) Са́ша и Ни́на сидя́т в ко́мнате и ти́хо разгова́ривают.

   2) Э́та де́вушка хорошо́ говори́т и пи́шет по-ру́сски.

   3) Гид интере́сно расска́зывает, а тури́сты внима́тельно слу́шают.

   4) Друзья́ иду́т и разгова́ривают.

   понима́ть   знать

   1) Как вы понима́ете по-ру́сски?

   2) Все ребя́та хорошо́ зна́ют ру́сский язы́к.

   3) Извини́те, мы не зна́ем, где нахо́дится библиоте́ка.

   4) Я пло́хо понима́ю. Мо́жете говори́ть ме́дленнее?

7. 选择适当的前置词填空，并把括号中的词变成需要的形式。

   1) Па́мятник стои́т (в це́нтре).

   2) Са́ша лежи́т (в больни́це).

   3) Де́ти игра́ют (во дворе́).

   4) На́ши го́сти загора́ют (на пля́же).

   5) Мужчи́ны сидя́т (в ба́ре), а же́нщины отдыха́ют (в гости́нице).

   6) Каки́е они́ молодцы́! Други́е ребя́та игра́ют, а они́ (в ко́мнате) разгова́ривают (об учёбе).

   7) (В самолёте) Са́ша мно́го расска́зывает (об авиакатастро́фе).

   8) Па́рни стоя́т (в коридо́ре) и ку́рят.

8. 按示例回答问题。

   示例：—Скажи́те, Са́ша сейча́с чита́ет?

   —Да.

   —Ма́ша сейча́с пи́шет?

   —Нет.

   —Что вы де́лаете?

   —Пишу́.

   —Кто пи́шет?

   —Я пишу́.

   1) —Вы сейча́с рабо́таете?   —Да.

   —Вы сейча́с у́читесь?   —Нет.

   —Что вы сейча́с де́лаете?   —Рабо́таю.

   —Кто рабо́тает?   —Я сейча́с рабо́таю.

   2) —Вы купа́етесь?   —Да.

   —Вы загора́ете?   —Нет.

   —Что вы де́лаете?   —Купа́юсь.

基础课 ПОВТОРЕНИЕ I

　　—Кто купа́ется?　—Я купа́юсь.
3) —Вы лю́бите петь?　—Да.
　　—Вы лю́бите танцева́ть?　—Нет.
　　—Что вы лю́бите де́лать?　—Петь.
　　—Кто лю́бит петь?
　　—Я люблю́ петь.
4) —Вы лю́бите рабо́тать ве́чером?　—Да.
　　—Вы лю́бите рабо́тать у́тром?　—Нет.
　　—Когда́ вы лю́бите рабо́тать?　—Ве́чером.
　　—Кто лю́бит ве́чером рабо́тать?
　　—Я люблю́ ве́чером рабо́тать.
5) —Вы хоти́те игра́ть в ша́хматы?　—Нет.
　　—Вы хоти́те игра́ть в ка́рты?　—Да.
　　—Что вы хоти́те де́лать?　—Хочу́ игра́ть в ка́рты.
　　—Кто хо́чет игра́ть в ка́рты?
　　—Я хочу́ игра́ть в ка́рты.
6) —Ва́ша семья́ живёт в го́роде?　—Нет.
　　—Ва́ша семья́ живёт в дере́вне?　—Да.
　　—Где ва́ша семья́ живёт?　—В дере́вне.
　　—Чья семья́ живёт в дере́вне?
　　—На́ша семья́ живёт в дере́вне.
7) —Маши́на стои́т на пло́щади?　—Да.
　　—Маши́на стои́т на у́лице?　—Нет.
　　—Где маши́на стои́т?　—На пло́щади.
　　—Что стои́т на пло́щади?　—Маши́на.
8) —Скажи́те, пожа́луйста, э́то больша́я гости́ница?　—Да.
　　—Э́то ма́ленькая гости́ница?　—Нет.
　　—А кака́я э́то гости́ница?　—Больша́я.

9. **联词成句**。

1) На, ле́тний, кани́кулы, мы, отдыха́ть, на, бе́рег, Чёрный, мо́ре.
   На ле́тних кани́кулах мы отдыха́ем на берегу́ Чёрного мо́ря.
2) Гид, интере́сно, расска́зывать, о, истори́ческий, па́мятник.
   Гид интере́сно расска́зывает об истори́ческом па́мятнике.
3) Мой, ба́бушка, и, де́душка, жить, в, дере́вня, а, роди́тели, — в, го́род.
   Моя́ ба́бушка и де́душка живу́т в дере́вне, а роди́тели — в го́роде.
4) Вы, е́хать, на, рабо́та, на, авто́бус, и́ли, на, метро́?
   Вы е́дете на рабо́ту на авто́бусе и́ли на метро́?
5) Я, учи́ться, на, филологи́ческий, факульте́т, а, мой, брат, на, экономи́ческий.
   Я учу́сь на филологи́ческом (факульте́те), а мой брат — на экономи́ческом.

6) —Где, вы, уже́, побыва́ть, в, Харби́н?

—Мы, побыва́ть, в, центр, на, бе́рег, Сунхуацзя́н, и, друго́й, места́.

—Где вы уже́ побыва́ли в Харби́не?

—Мы уже́ побыва́ли в це́нтре, на берегу́ Сунхуацзя́н и в други́х места́х.

7) —Де́вушка, в, кра́сный, пла́тье, — твой, сестра́?

—Нет, мой, подру́га.

—Де́вушка в кра́сном пла́тье — твоя́ сестра́?

—Нет, моя́ подру́га.

8) —О, кто, он, так, интере́сно, расска́зывать?

—О, вели́кий, кита́йский, поэ́ты, и, писа́тели.

—О ком он так интере́сно расска́зывает?

—О вели́ких кита́йских поэ́тах и писа́телях.

10. 续句子。

1) Лю́ба интере́сно расска́зывает, и я люблю́ её слу́шать.

2) Са́ша хорошо́ говори́т не то́лько по-ру́сски, но и по-англи́йски.

3) Сейча́с не все в авто́бусе, Ни́на и Макси́м ещё в столо́вой.

4) В авто́бусе одни́ разгова́ривают, а други́е спят.

5) Макси́м лю́бит игра́ть в ша́хматы, а Ве́ра — на гита́ре.

6) Ван Мин хорошо́ говори́т по-ру́сски, а я хорошо́ говорю́ по-кита́йски.

7) Москва́ — большо́й го́род, э́то столи́ца Росси́и.

8) Я не собира́юсь ката́ться на конька́х.

9) На пло́щади молоды́е лю́ди пою́т и танцу́ют, а де́ти бе́гают и шумя́т.

10) Вы не зна́ете, где нахо́дится ректора́т.

11. 回答问题。

1) —Кака́я ва́ша семья́? Кто где рабо́тает?

—На́ша семья́ о́чень дру́жная. Ма́ма рабо́тает в университе́те, а па́па — в компа́нии.

2) —Где ва́ша семья́ отдыха́ет ле́том?

—На се́вере.

3) —Почему́ зимо́й мно́гие тури́сты приезжа́ют в го́род Сань-я́?

—Потому́ что зимо́й там о́чень тепло́. Там мо́жно зогара́ть на пля́же, пла́вать в мо́ре.

4) —Что мо́гут уви́деть(看到) тури́сты в Пеки́не?

—Они́ мо́гут уви́деть музе́й Гугу́н, пло́щадь Тяньаньмэ́нь, парк Ихэюа́нь и мно́гие други́е достопримеча́тельности.

5) —Како́й го́род ваш люби́мый го́род? Почему́?

—Шанха́й — мой люби́мый го́род. Потому́ что э́то о́чень совреме́нный го́род.

6) —В каки́х кита́йских города́х вы побыва́ли?

—В Пеки́не, Шанха́е, Сиа́не, Гуанчжо́у.

基础课 ПОВТОРЕНИЕ I

7) —Где нахо́дится пло́щадь Тяньаньмэ́нь?
   —В Пеки́не.
8) —Что нахо́дится на пло́щади Тяньаньмэ́нь?
   —Па́мятник наро́дным геро́ям, Дом наро́дных собра́ний, Дом па́мяти председа́теля Ма́о.
9) —Где вы лю́бите жить? В го́роде и́ли в дере́вне?
   —Я предпочита́ю жить в го́роде.
10) —Что вы лю́бите де́лать ле́том?
    —Люблю́ пла́вать и лови́ть ры́бу.
11) —Вы сейча́с мо́жете разгова́ривать по-ру́сски?
    —Могу́, но не о́чень хорошо́.
12) —Что вы собира́етесь де́лать ве́чером?
    —Я собира́юсь купа́ться.

12. 用下列词和词组造句。

ка́ждый день; и други́е; потому́ что; чу́вствовать себя́

Ка́ждый день мы мно́го чита́ем и пи́шем по-ру́сски.

Мы побыва́ли в Харби́не, Пеки́не, Шанха́е и други́х больши́х города́х.

Я не была́ на ве́чере, потому́ что пло́хо себя́ чу́вствовала.

Я пло́хо вас понима́ю, потому́ что вы о́чень бы́стро говори́те.

13. 续对话。

1) —Как студе́нты отвеча́ют?
   —Студе́нты отвеча́ют пра́вильно.
2) —Твой друг живёт в Москве́?
   —Да, он живёт в Москве́.
   —Нет, он живёт в Хаба́ровске. (Нет, он живёт в Красноя́рске.)
3) —Вы разгова́риваете по-англи́йски?
   —Нет, мы разгова́риваем по-кита́йски.
4) —Что вы обы́чно де́лаете в библиоте́ке?
   —Там мы чита́ем и перево́дим.
5) —Ты живёшь в общежи́тии?
   —Да.
   —А Са́ша то́же живёт в общежи́тии?
   —Нет, он живёт до́ма.
6) —Что вы лю́бите де́лать ве́чером?
   —Мы лю́бим гуля́ть в па́рке. А вы?
   —Мы лю́бим пла́вать в бассе́йне.
7) —Где нахо́дится ректора́т?
   —На тре́тьем этаже́.

—А деканáт?

—Какóй, наш? На четвёртом этажé.

14. 将下列句子译成俄语。

1) 这些城市大，那些城市小。

   Эти городá большúе, а те мáленькие.

2) 这是一本新书。这本新书很有趣。

   Это нóвая кнúга. Эта нóвая кнúга óчень интерéсная.

3) 长春是座美丽的城市，特别是在冬天。

   Чанчýн — красúвый гóрод, осóбенно зимóй.

4) 在花园里有各种各样的花。

   В садý есть рáзные (разнообрáзные) цветы́.

5) 现在我只能听懂一点儿俄语。

   Сейчáс я тóлько немнóго понимáю по-рýсски.

6) 每年夏天我们都到这里来。

   Кáждый год лéтом мы приезжáем сюдá.

7) 你现在想游泳吗？

   Ты сейчáс хóчешь плáвать?

8) 这个宾馆设施齐全。客人们都喜欢住在这里。

   Эта гостúница со всéми удóбствами. Все гóсти лю́бят останáвливаться здесь.

9) —你们是俄罗斯人吗？

   —Вы рýсские?

   —是的，我们是俄罗斯人。

   —Да, мы рýсские.

10) 我们的老师不仅懂英语，还懂俄语。

    Наш преподавáтель понимáет не тóлько по-англúйски, но и по-рýсски.

11) 我住在城里，而我父母住在农村。

    Я живý в гóроде, а мои́ родúтели живýт в дерéвне.

12) 夏天我们家打算在海南岛休息。

    Лéтом нáша семья́ собирáется отдыхáть на óстрове Хайнáнь.

13) 天安门广场是世界上最大的广场。

    Плóщадь Тяньаньмэ́нь — сáмая крýпная плóщадь в мúре.

14) 我在北京大学读书，他在哈尔滨工业大学读书。

    Я учýсь в Пекúнском университéте, а он — в Харбúнском политехнúческом университéте.

15) 小男孩和妈妈躺在沙滩上晒太阳。

    Мáльчик и егó мáма лежáт на пля́же и загорáют.

16) 我在北京学习，我弟弟在上海学习。

    Я учýсь в Пекúне, (а) мой брат ýчится в Шанхáе.

基础课 ПОВТОРЕНИЕ I

17) 米沙是一个诚实、善良的小伙子。

Миша честный и добрый парень.

18) 这是一个风景如画的地方。这里经常举办各种各样的晚会。

Это живописное место. Здесь часто устраиваются (бывают) разные вечера.

19) 他喜欢在饭店吃饭。我不喜欢。

Он любит обедать в ресторане. Я не люблю.

20) 角落里站着一个又胖又高、戴着眼镜的男人。他是谁呀?

В углу стоит толстый и высокий мужчина в очках. Кто он?

15. 用下列词组编短文。

Пекинский университет	известный вуз
разные факультеты	старательно заниматься
много говорить по-русски	иностранные преподаватели
находиться в Пекине	учиться старательно, но знать мало

Я новый студент. Меня зовут Чжао Ли. Я учусь в Пекинском университете. Это очень известный вуз. Он находится в Пекине.

Здесь есть разные факультеты, например, философский, исторический, филологический и другие.

Я учусь на факультете русского языка. Каждый день старательно занимаюсь, много читаю, пишу и говорю по-русски.

На занятиях преподаватель объясняет и спрашивает, а мы слушаем и отвечаем.

На нашем факультете работают иностранные преподаватели. Все они очень ответственные. Только я плохо понимаю, когда они быстро говорят по-русски.

Сейчас я очень старательно учусь, но знаю мало. Но ничего, вся жизнь впереди.

УРОК 5

一、语法要点

本课语法内容为:1. 及物动词和不及物动词;2. 补语;3. 阴性名词单数第四格;4. 形容词、代词阴性单数第四格;5. 前置词 в,на (2)。

阴性名词单数第四格

有些阴性名词构成单数第四格时,重音移动,例如:

стена́—сте́ну, среда́—сре́ду, гора́—го́ру, земля́—зе́млю, вода́—во́ду, доска́—до́ску, зима́—зи́му, цена́—це́ну, река́—ре́ку, голова́—го́лову

дочь, мать 的单数第四格同第一格。

前置词 в,на (2)

前置词 в, на 与某些名词第四格连用时,除表示方向意义外,兼有"去做某事"的意思,例如:Я е́ду в командиро́вку в Пеки́н. 我去北京出差。Я иду́ на обе́д. 我去吃饭。

前置词 на 表示时间,如行为发生的时间、期限,表示"在……时","在……期限内","期限为"等意义。

前置词 на 与 неде́ля, день, год 连用时,常带有 друго́й, сле́дующий 等词或顺序数词(пе́рвый 除外)作定语,表示在某事发生后的"第……天(周,年)"等。例如:на друго́й день (次日)。

二、重点词汇

сади́ться, сажу́сь, сади́шься; куда́;
 Ка́ждый день в э́то вре́мя он сади́тся в э́тот авто́бус и е́дет в университе́т.
пока́зывать, -аю, -аешь; кого́-что;
 ~ видеока́меру, ~ костю́м, ~ фильм
предлага́ть, -а́ю, -а́ешь; кому́, что;
 Како́й рестора́н вы (нам) предлага́ете?
 Каку́ю кни́гу вы (нам) предлага́ете?
предпочита́ть, -а́ю, -а́ешь; кого́-что кому́-чему́; что де́лать
 Что вы предпочита́ете чита́ть?
 —Чай и́ли ко́фе?
 —Предпочита́ю чай.

基础课 УРОК 5

三、重点句型

1. —Куда́ вы идёте (е́дете)?
   —Мы идём (е́дем) в столо́вую (на рабо́ту).
2. —Вы предпочита́ете смотре́ть спекта́кль и́ли слу́шать о́перу?
   —Я предпочита́ю о́перу.
3. —Что вы лю́бите де́лать в свобо́дное вре́мя?
   —Я обы́чно рису́ю, слу́шаю му́зыку.
4. А ты не игра́ешь в футбо́л?
   игра́ть в футбо́л 踢足球；игра́ть в волейбо́л 打排球；игра́ть в баскетбо́л 打篮球；игра́ть в те́ннис 打网球；игра́ть в бадминто́н 打羽毛球；игра́ть в пинг-по́нг 打乒乓球
5. Что ты собира́ешься де́лать в э́ту суббо́ту ве́чером?
   в понеде́льник (在) 星期一；во вто́риник 星期二；в сре́ду 星期三；в четве́рг 星期四；в пя́тницу 星期五；в э́ту суббо́ту 星期六；в воскресе́нье 星期日

四、言语练习（1）

略

五、课文要点

1. Как интере́сно всё в приро́де.
   Как хо́лодно на у́лице.
   Как краси́во всё в приро́де.
2. Всё меня́ется.
3. Нет, ле́том сли́шком жа́рко, ду́шно, —говори́т Аня.
   сли́шком [副] 太, 过多, 过分
   ~ мно́го, ~ ма́ло, ~ большо́й, ~ подро́бно
   Са́ша сли́шком мно́го говори́т.

六、言语练习（2）

1. 仿对话 4 编写对话。
2. 转述课文的内容。

七、"范句"中需替换内容的答案

1. (кни́гу, афи́шу, шу́тку, запи́ску)
2. (све́жую, вчера́шнюю, коро́ткую; газе́ту, ска́зку, ба́сню)
3. (видеока́меру, кварти́ру; свою́, ва́шу, на́шу, его́)
4. (э́ту, молоду́ю, ту, симпати́чную; арти́стку, китая́нку, де́вушку, сестру́)
5. (в больни́цу, на дискоте́ку, на о́перу, на докла́д, на рабо́ту)
6. (свини́ну, говя́дину, колбасу́, ку́рицу, лапшу́, бу́лочку)

八、课文译文

四季

　　我们在闲暇的时候总爱争论。我们争论所有的事。一天晚上我们坐在教室里,争论着"哪个季节是一年中最为美好的(季节)"(这个问题)。奥丽娅说道:"亲爱的朋友们,大自然的一切都是那么有趣!一切都在变化。四季也在变化。我非常喜欢春天。(你问我)为什么?春天驱走寒意,冰雪融化,溪水涓涓而始流。大地吐露新绿。"

　　"是啊,春天的确美好,却(有些)脏。我喜欢夏天。夏天艳阳高照,到处绽开着花朵。我们可以在河里游泳戏水,在沙滩上晒太阳。"丹尼娅讲。

　　"不,夏天太热,太闷。"阿妮娅说。"我喜欢秋天。秋天太美了。这个季节大地上五彩缤纷:绿色、黄色、红色、褐色。细雨绵绵。秋天是浪漫的季节。"

　　"可我喜欢冬天。(冬日里)田野上、森林中、河流、湖泊上到处银装素裹。我们可以滑冰、滑雪、打雪仗。"玛莎道。

　　"我亲爱的朋友们,而我认为,所有的季节都有它们自己的妙处。"班长阿廖沙说道。

九、练习参考答案

УПРАЖНЕНИЯ И ЗАДАНИЯ

1. 按示例提问并回答问题。

　示例:—Сего́дня мы посеща́ем вы́ставку. А вы?
　　　　—Мы то́же посеща́ем вы́ставку.

1) —Мои́ друзья́ слу́шают му́зыку. А вы и ва́ши друзья́?
　—Мы то́же слу́шаем му́зыку.

2) —Андре́й и Са́ша чита́ют све́жую газе́ту. А Ната́ша и Зи́на?
　—Они́ то́же чита́ют газе́ту.

3) —Днём тури́сты посеща́ют пло́щадь Тяньаньмэ́нь. А гид?
　—Он то́же посеща́ет пло́щадь Тяньаньмэ́нь.

4) —Мы часто видим эту красивую девушку. А вы?
   —Мы тоже часто видим её.
5) —Девушка предлагает купить белую рубашку. А вы?
   —Я тоже предлагаю купить белую рубашку.
6) —Молодые люди любят слушать лёгкую музыку. А пожилые люди?
   —Они тоже любят слушать её.

2. 用括号中的词组的第一格或第四格形式填空。

1) Свежая газета лежит на столе.
   Мы читаем свежую газету.
2) На стене висит (挂着) моя фотография.
   Саша внимательно смотрит на мою фотографию.
3) Там находится знаменитая пешеходная улица.
   Туристы идут на знаменитую пешеходную улицу.
4) Это интересная книга.
   Сейчас Надя читает интересную книгу.
5) Это наша новая квартира.
   Мой муж показывает нашу новую квартиру.

3. 将括号里的词和词组变成第四格。

1) Мой брат покупает (рубашку).
2) Сейчас мы читаем (новую афишу).
3) Каждый день я вижу (эту симпатичную девушку).
4) Мы любим слушать (лёгкую музыку).
5) Гид показывает (пешеходную улицу).
6) (Какую сумку) вы предлагаете?
7) Сейчас туристы посещают (горнолыжную базу Ябули).
8) Иван часто вспоминает (свою мать).
9) Вечером мы идём на (пекинскую оперу).
10) На стене мы видим (красивую картину) и (большую карту КНР).

4. 用动词的相应形式填空。

любить

1) Я люблю слушать музыку.
2) Володя очень любит путешествовать.
3) Все мы любим загорать на берегу реки Сунхуацзян.
4) Харбинцы очень любят свой город.

идти

1) Молодые люди идут в кафе.

2) Я иду на дискотеку.

3) Мария идёт в больницу.

4) —Куда вы идёте?

   —Мы идём на пекинскую оперу.

5) —Куда ты идёшь?

   —Я иду в столовую.

хотеть

1) Я хочу поехать на пешеходную улицу.

2) Наш гид идёт плавать в море.

3) Они идут посещать площадь Тяньаньмэнь.

4) Мы идём покататься на коньках.

5. 用 куда 或 где 对划线词提问。

   1) Моя сестра работает в гостинице.

   Где работает ваша сестра?

   2) Они идут в больницу.

   Куда они идут?

   3) Анна Петровна идёт в аптеку.

   Куда Анна Петровна идёт?

   4) Солнечный остров находится на берегу реки Сунхуацзян.

   Где находится Солнечный остров?

   5) Эти туристы идут на пешеходную улицу.

   Куда идут эти туристы?

   6) В Харбине проводится Фестиваль льда и снега.

   Где проводится Фестиваль льда и снега?

   7) Молодые люди идут на дискотеку.

   Куда молодые люди идут?

   8) На лыжной базе можно кататься на лыжах.

   Где можно кататься на лыжах?

6. 使用括号中的词或词组回答问题，注意 в, на 的用法。

   示例：—Где работает Павел? (школа)

   —Он работает в школе.

   —Куда Павел идёт?

   —Он идёт в школу.

   1) Где работает Зина?

   Она работает в Первом универмаге.

2) Куда́ Зи́на идёт?
   Она́ идёт в де́тскую поликли́нику.
3) Где у́чится ва́ша дочь?
   Она́ у́чится на филологи́ческом факульте́те.
4) Куда́ вы идёте по́сле рабо́ты?
   Я иду́ в общежи́тие.
5) Где учи́лась Мари́на?
   Она́ учи́лась в Пеки́нском университе́те.
6) Куда́ роди́тели иду́т у́тром?
   Они́ иду́т на заво́д, на рабо́ту.

7. 回答问题。
   1) —Куда́ вы идёте?
      —Я иду́ на по́чту.
   2) —Куда́ вы идёте за́втракать?
      —В столо́вую.
   3) —Куда́ вы идёте загора́ть?
      —На пляж.
   4) —Куда́ вы идёте купа́ться?
      —В ба́ню.
   5) —Куда́ вы идёте отдыха́ть?
      —В общежи́тие.
   6) —Куда́ вы идёте пла́вать?
      —В бассе́йн.
   7) —Куда́ вы идёте танцева́ть?
      —В клуб.
   8) —Куда́ вы идёте ката́ться на конька́х?
      —На като́к.
   9) —Куда́ вы идёте ката́ться на лы́жах?
      —На лы́жную ба́зу.
   10) —Куда́ вы идёте покупа́ть проду́кты?
       —В продукто́вый магази́н и́ли на ры́нок.
   11) —Куда́ идёт э́тот авто́бус?
       —На вокза́л.
   12) —Куда́ идёт э́тот тролле́йбус?
       —В музе́й.

8. 读下列句子，分析句子成分，并译成汉语。
   1) Я е́ду в Ботани́ческий сад. Я 是主语，е́ду 是谓语，в Ботани́ческий сад 是(方向性)地点状语。我去植物园。

2) Я иду́ в карти́нную галере́ю. Я 是主语，иду́ 是谓语，в карти́нную галере́ю 是（方向性）地点状语。我去画廊。

3) Мы е́дем в зоопа́рк. Мы 是主语，е́дем 是谓语，в зоопа́рк 是（方向性）地点状语。我们去动物园。

4) Мы идём в библиоте́ку. Мы 是主语，идём 是谓语，в библиоте́ку 是（方向性）地点状语。我们去图书馆。

5) Мы идём на дискоте́ку. Мы 是主语，идём 是谓语，на дискоте́ку 是（方向性）地点状语。我们去蹦迪(迪斯科舞厅)。

6) Они́ иду́т на фа́брику. Они́ 是主语，иду́т 是谓语，на фа́брику 是（方向性）地点状语。他们去工厂。

7) Она́ идёт на центра́льную пло́щадь. Она́ 是主语，идёт 是谓语，на центра́льную пло́щадь 是（方向性）地点状语。她去中心广场。

8) Я иду́ на Кра́сную пло́щадь. Я 是主语，иду́ 是谓语，на Кра́сную пло́щадь 是（方向性）地点状语。我去红场。

9) Я иду́ на рабо́ту. Я 是主语，иду́ 是谓语，на рабо́ту 是（方向性）地点状语。我去上班。

10) Мы е́дем на экску́рсию. Мы 是主语，е́дем 是谓语，на экску́рсию 是（方向性）地点状语。我们去旅游。

10. 读课文并回答问题。

   Утром я иду́ в шко́лу. Снача́ла я перехожу́ у́лицу и вхожу́ в кафе́. Там я за́втракаю. Пото́м сажу́сь в авто́бус № (но́мер) 7. На остано́вке «Тверска́я у́лица» я выхожу́, повора́чиваю напра́во, пересека́ю пло́щадь и захожу́ в шко́лу. Мой класс нахо́дится на второ́м этаже́. Я поднима́юсь по ле́стнице, и ви́жу дверь — вот и наш класс. Я вхожу́ в класс и слы́шу: «Ми́ша, приве́т!»

   1) —На чём я е́ду в шко́лу?
      —На авто́бусе.

   2) —На како́й остано́вке я выхожу́?
      —На остано́вке «Тверска́я у́лица».

   3) —На како́м этаже́ нахо́дится наш класс?
      —На второ́м этаже́.

11. 按课文内容回答问题。

   1) О чём мы ча́сто спо́рим в свобо́дное вре́мя?
      Мы спо́рим обо всём.

   2) О чём спо́рили студе́нты одна́жды ве́чером?
      Они́ спо́рили, како́е вре́мя го́да лу́чше.

   3) Кто лю́бит весну́? Почему́?
      Оля лю́бит весну́. Потому́ что весно́й слабе́ют моро́зы, та́ет снег, теку́т ручья́, на земле́ появля́ется не́жная зе́лень.

4) Почему Таня любит лето?

Потому что летом солнце ярко светит, везде цветут цветы. Люди могут плавать в реке, загорать на пляже.

5) Кто не любит лето? Почему?

Аня не любит лето. Потому что летом слишком жарко, душно.

6) Почему Аня любит осень?

Осенью очень красиво. В это время земля разноцветная. Моросит дождь. Осень — романтичное время года.

7) Кто любит зиму? Почему?

Маша любит зиму. Зимой везде белый снег. Люди могут кататься на коньках, на санях, ходить на лыжах, играть в снежки.

8) Что думает Алёша о временах года?

Он думает, что все времена года хороши по-своему.

12. 将下列句子译成汉语。

1) 我喜欢学习俄语。俄语是非常美的语言。

Я люблю изучать русский язык. Русский язык — очень красивый язык.

2) 我现在去图书馆学习。

Сейчас я иду в библиотеку заниматься.

3) 你为什么不去食堂?

Почему ты не идёшь в столовую?

4) 我非常爱自己的妈妈。

Я очень люблю свою маму.

5) 萨沙喜欢俄罗斯文学。

Саша любит русскую литературу.

6) 你为什么不喜欢自己的奶奶?

Почему ты не любишь свою бабушку?

7) 谁想去澡堂(баня)?

Кто хочет идти (пойти) в баню?

13. 用以下单词和词组造句。

стирать рубашку, мыть посуду, писать статью, читать газету, рисовать картину, идти, любить, переводить

Я стираю рубашку.   Мама моет посуду.
Папа пишет статью.   Брат читает газету.
Сестра рисует картину.   Дедушка идёт в парк.
Мы любим мясо.   Саша переводит рассказ.

УРОК 6

一、语法要点

本课语法内容为：1. 动物名词和非动物名词；2. 阳性、中性名词单数第四格；3. 形容词、代词的阳性、中性单数第四格；4. 人称代词第四格；5. 俄罗斯人的姓和名的第四格。

阳性、中性名词的单数第四格：

1. 注意下列名词变格时的音变：
   отéц—отцá (е 脱落)，китáец—китáйца (е 变 й)；
2. 以 -а, -я 结尾的阳性名词的变格与以 -а, -я 结尾的阴性名词相同，例如：вспоминáть дéдушку, любúть дя́дю；
3. нарóд 等词具有集合意义，其第四格同第一格，例如：любúть нарóд, понимáть молодёжь；
4. 中性名词绝大多数都是非动物名词，其第四格同第一格。

形容词、代词的阳性、中性单数第四格

1. 词尾前是 ж, ш, ч, щ 的形容词，重音在词尾时，单数第四格变为 -ого；重音不在词尾时变为 -его，例如：большóй друг—большóго дрýга；хорóший перевóдчик—хорóшего перевóдчика；
2. 与 дéдушка, дя́дя 这类名词搭配的形容词和代词，按说明阳性动物名词的形容词和代词变化，例如：
   1) Дéти лю́бят своегó стáрого дéдушку.
      孩子们爱自己的老爷爷。
   2) Я знáю твоегó дя́дю.
      我认识你的伯父。
3. 由形容词转化成的名词变格时和形容词相同，例如：
   рабóчий—рабóчего；дежýрный—дежýрного。

二、重点词汇

встречáть, -áю, -áешь; когó-что
　　~ Сáшу, ~ дя́дю, ~ своегó дéда
просúть, прошý, прóсишь, когó-что, что дéлать
　　Прошý садúться.

Прошу́ вас.
за (前)(接第四格)
За ва́ше здоро́вье!   Я за вас!
принима́ть, -а́ю, -а́ешь; кого́-что
~ лека́рство, ~ пода́рок, ~ больно́го
преподава́ть, преподаю́, преподаёшь; что
~ хи́мию, ~ ру́сский язы́к
уходи́ть, ухожу́, ухо́дишь
Куда́ ты ухо́дишь?
Доро́га ухо́дит в лес.
возвраща́ться, -а́юсь, -а́ешься
Мы по́здно возвраща́емся домо́й.
проверя́ть, -я́ю, -я́ешь; кого́-что
~ докуме́нт, ~ биле́т

三、重点句型

1. Что ты тут покупа́ешь?
2. Извини́те, кто из вас Серге́й Ива́нович?
3. Мы вас ждём на обе́д.
4. В чём де́ло?

四、言语练习(1)

略

五、课文要点

1. ... ухожу́ на рабо́ту
2. че́рез четы́ре часа́
3. ...захожу́ в продукто́вый магази́н
заходи́ть, -ожу́, -о́дишь
~ в магази́н, ~ на по́чту

六、言语练习 (2)

1. 仿照对话3和4编写对话。
2. 用第三人称转述课文内容。

七、"范句"中需替换内容的答案

1. (нашего, своего, моего, его; преподавателя, брата, дядю, дедушку)
2. (этого, того, каждого; переводчика, футболиста)
3. (нас, вас, их)
4. (Марию, Бориса, Олега, Веру, Сашу, Игоря)
5. (того симпатичного мальчика; моего младшего брата)

八、课文译文

我的一天

我是一名大学老师。执教于哈尔滨工业大学。教授俄语和俄罗斯文学。

早上我起得很早,做早操,洗脸,刷牙,洗冷水浴。这个时候我妈妈做早饭。早饭后我穿好衣服去上班。妈妈也出门,不过她不是去上班,而是去市场。在市场上她买肉、鱼、蔬菜、水果。我妈妈已经不工作了,她退休了。

八点我开始一天的工作。四小时后午休。今天我去食堂吃午饭。午饭后我回到教研室。在那儿批改作业。下午五点我结束一天的工作,坐车回家。

在回家的路上,我顺便去食品店。我在商店里买果汁、牛奶、面包。六点钟的时候我已经在家里了。我换好衣服开始吃饭。饭后我洗碗,扫地,擦地,读报纸或者看电视。

晚上十一点我躺下睡觉。

九、练习参考答案

УПРАЖНЕНИЯ И ЗАДАНИЯ

1. 将括号里的词组变成第四格形式。

   1) Я давно знаю (этого молодого человека).
   2) Я иду встречать (моего старого друга).
   3) Мы часто видим (его брата) на дискотеке.
   4) Ребята внимательно слушают (своего преподавателя).
   5) Все мы уважаем (нашего старого переводчика).
   6) Вы знаете, как зовут (нашего нового соседа)?
   7) (Этого мальчика) зовут Алёша.
   8) Я часто вспоминаю (своего дедушку).
   9) Мы хорошо знаем (твоего дядю).
   10) Ты знаешь (моего отца)?

基础课 УРОК 6

2. 将右边的词变成第四格形式并填空。

   1) Там мы часто видим (нашего директора, этого гражданина, того иностранца, его товарища, его дедушку, этого мужчину, вашего отца, вашу мать).

   2) Я иду на вокзал встречать (нашего декана, вашего дедушку, вашу бабушку, её дядю).

   3) Мы ждём (нашего гида, твоего брата, твою сестру, того учителя, Андрея, Марию, Виктора и Алексея).

   4) Как зовут (ту девушку, того юношу, этого учёного, того мальчика)?

3. 对划线词提问。

   1) Игорь часто вспоминает *своего первого учителя*.
      Кого часто вспоминает Игорь?

   2) Я часто вижу *этого молодого человека* в кафе.
      Кого вы часто видите в кафе?

   3) Мы ждём *нашего нового экскурсовода*.
      Кого вы ждёте?

   4) Он хорошо знает *моего брата и мою сестру*.
      Кого он хорошо знает?

   5) Саша ждёт *нашего декана* уже час.
      Кого Саша уже час ждёт?

   6) Наш директор знает *вашего дедушку*.
      Кого знает ваш директор?

   7) Мой друг на вокзале встречает *свою мать*.
      Кого встречает наш друг на вокзале?

   8) Дети очень любят *своего учителя*.
      Кого дети очень любят?

   9) Они ждут *твоего брата*.
      Кого они ждут?

   10) Они спрашивают *моего отца*, когда они не понимают по-русски.
       Кого они спрашивают, когда они не понимают по-русски?

4. 回答下列问题。

   1) Кого вы любите?
      Я люблю маму, папу, дедушку, бабушку.

   2) Кого вы хорошо знаете?
      Я хорошо знаю нашего преподавателя.

   3) Кого вы часто вспоминаете?
      Мы часто вспоминаем своего первого учителя.

   4) Кого вы часто видите в том книжном магазине?
      Там мы часто видим твою сестру.

5) Кого встречает Сергей Иванович?

   Он встречает нашего ректора.

6) Кого ждут эти туристы?

   Они ждут гида и шофёра.

7) Кого вы спрашиваете, когда вы не понимаете по-русски?

   Я спрашиваю нашего старосту.

8) Кого вы видели, когда гуляли в парке?

   Я видела нового преподавателя.

5. 将括号里的人称代词变成第四格形式。

   1) —Вы любите Пекин?

      —Да, я (его) очень люблю.

   2) —Директор хорошо знает (вас)?

      —Да, он хорошо знает (нас).

   3) —Ты часто видишь Нину?

      —Я вижу (её) почти каждый день.

   4) —Вы (меня) понимаете?

      —Да, я (вас) хорошо понимаю.

   5) —Как зовут его сестру?

      —(Её) зовут Наташа.

   6) Где Маша и Максим? Мы давно ждём (их).

   7) Виктор — мой сосед. Я (его) хорошо знаю.

   8) Нина работает в этой фирме. Я (её) вижу каждый день.

   9) Это мои книги. Я (их) читаю вечером.

   10) Когда я говорю быстро, они (меня) плохо понимают.

6. 将括号里的词译成俄语，并指出人称代词和物主代词。

   1) Я плохо знаю (его отца). его 是物主代词。

   2) Я плохо знаю (его). его 是人称代词。

   3) Мы часто вспоминаем (их). их 是人称代词。

   4) (Их семья) живёт в Пекине. их 是物主代词。

   5) Здесь почти все знают (моего брата). моего 是物主代词。

   6) Здесь все знают (меня). меня 是人称代词。

   7) —Как зовут (твоего отца)? твоего 是物主代词。

      —(Его) зовут Алексей Иванович. его 是人称代词。

   8) —Как зовут (твою бабушку)? твою 是物主代词。

      —(Её) зовут Анна. её 是人称代词。

   9) Он хорошо знает (моего товарища). моего 是物主代词。

   10) Кто на вокзале встречает (твоего дедушку)? твоего 是物主代词。

11) Де́ти внима́тельно слу́шают (тебя́)? тебя́ 是人称代词。
12) Я жду не (её), а (её сестру́). 第一个 её 是人称代词，第二个 её 是物主代词。

7. 用人称代词回答问题。

1) Вы хорошо́ понима́ете на́шего преподава́теля?

   Да, я его́ хорошо́ понима́ю. (Нет, я его́ пло́хо понима́ю.)

2) Ты ча́сто ви́дишь на́шего дека́на?

   Да, я ча́сто ви́жу его́. (Нет, я ре́дко ви́жу его́.)

3) Меня́ ждёт Ве́ра?

   Да, она́ тебя́ ждёт. (Нет, тебя́ ждёт Та́ня.)

4) Вы зна́ете их отца́?

   Да, мы хорошо́ зна́ем их отца́. (Нет, мы не зна́ем их отца́.)

5) Вы лю́бите свой го́род?

   (Да. Я люблю́ его́.) (Нет, я не люблю́ его́.)

6) Вы лю́бите изуча́ть ру́сский язы́к?

   (Да, я люблю́ изуча́ть его́.) (Нет, я не люблю́ изуча́ть его́.)

7) Кто сего́дня дежу́рный? Почему́ не подмета́л(-и) пол?

   (Па́ша дежу́рный. Он ещё в общежи́тии.)

8) Ты чита́ла рома́н «Как закаля́лась сталь»?

   (Да, я его́ чита́л.) (Нет, я не чита́л его́.)

9) Кто ви́дел мои́ очки́?

   (Я их ви́дел.)

10) Кто смотре́л э́тот фильм?

    (Мы смотре́ли его́.)

8. 用 когда́ 把两个句子连起来。

示例: Мы гуля́ем. Мы разгова́риваем по-ру́сски.

Когда́ мы гуля́ем, мы разгова́риваем по-ру́сски.

1) Наш преподава́тель объясня́ет уро́к.

   Мы внима́тельно слу́шаем.

   (Когда́ наш преподава́тель объясня́ет уро́к, мы внима́тельно слу́шаем.)

2) Мари́я говори́т бы́стро.

   Я пло́хо её понима́ю.

   (Когда́ Мари́я говори́т бы́стро, я пло́хо её понима́ю.)

3) Мари́я говори́т ме́дленно.

   Я хорошо́ её понима́ю.

   (Когда́ Мари́я говори́т ме́дленно, я хорошо́ её понима́ю.)

4) Мы гуля́ем в саду́.

   Мы разгова́риваем по-ру́сски.

(Когда́ мы гуля́ем в саду́, мы разгова́риваем по-ру́сски.)

5) Я пишу́ статью́.

Она́ пи́шет сочине́ние.

(Когда́ я пишу́ статью́, она́ пи́шет сочине́ние.)

9. 将下列对话译成汉语。

1) —Скажи́те, пожа́луйста, огурцы́ есть?

—К сожале́нию, нет.

—А помидо́ры?

—Есть, о́чень хоро́шие. Берёте?

—Да.

—Ско́лько берёте?

—Килогра́мм.

—Что ещё?

—Капу́сту и лук.

—请问,有黄瓜吗?

—抱歉,没有。

—那有柿子(番茄)吗?

—有,柿子特别好。要吗?

—要。

—买多少?

—一公斤。

—还想买点儿什么?

—圆白菜和洋葱。

2) —Ни́на, ты не зна́ешь, како́й фильм идёт в кинотеа́тре?

—Зна́ю. Кита́йский.

—А ты лю́бишь кита́йские фи́льмы?

—О́чень. Я всегда́ их смотрю́ с удово́льствием.

—Тогда́ сего́дня приглаша́ю тебя́ в кино́.

—尼娜,你知道吗,电影院在演什么电影?

—知道啊。中国片。

—那你喜欢中国电影吗?

—非常喜欢。我始终非常愿意看中国片。

—那我今天请你去看电影。

10. 将下列俄罗斯人的姓变成第四格形式。

Пу́шкин (Пу́шкина), Ле́рмонтов (Ле́рмонтова), Го́голь (Го́голя), Толсто́й (Толсто́го), Достое́вский (Достое́вского), Че́хов (Че́хова),

基础课 УРОК 6

Тургéнев (Тургéнева), Булгáков (Булгáкова), Шóлохов (Шóлохова), Острóвский (Острóвского), Некрáсов (Некрáсова), Чернышéвский (Чернышéвского), Гончарóв (Гончарóва), Держáвин (Держáвина), Распýтин (Распýтина), Солженицын (Солженицына), Серóв (Серóва), Шишкин (Шишкина), Рéпин (Рéпина), Левитáн (Левитáна), Айвазóвский (Айвазóвского), Ломонóсов (Ломонóсова), Ахмáтова (Ахмáтову), Цветáева (Цветáеву), Толстáя (Толстýю), Тóкарева (Тóкареву), Карéнина (Карéнину), Петрóва (Петрóву)

11. 将下列句子译成俄语。

1) 你们星期一晚上去哪儿了?
   Где вы бы́ли в понедéльник вéчером?

2) 谁经常星期二晚间在俱乐部跳舞?
   Кто чáсто танцýет в клýбе во втóрник вéчером?

3) 我们星期三白天去听音乐会了。
   В срéду днём мы слýшали концéрт.

4) 我们星期四去游泳池游泳了。
   В четвéрг мы плáвали в бассéйне.

5) 星期五我们全班到电影院看电影了。
   В пя́тницу вся нáша грýппа смотрéла фильм в кинотеáтре.

6) 星期六我们洗衣服, 去商店, 听音乐。
   В суббóту мы стирáем бельё, идём в магазúн, слýшаем мýзыку.

7) 星期日我喜欢坐在咖啡馆里喝咖啡, 听音乐。
   В воскресéнье я люблю́ пить кóфе, слýшать мýзыку в кафé.

8) 我弟弟喜欢吃鸡肉, 而我喜欢吃鱼和虾。
   Мой брат лю́бит есть кýрицу, а я люблю́ ры́бу и кревéтки.

9) 我们在等娜达莎。她在买报纸和冰激凌(морóженое)。
   Мы ждём Натáшу. Онá покупáет газéту и морóженое.

10) 第一道菜我总是点乌克兰红菜汤。它非常好吃。
    На пéрвое я всегдá берý украинский борщ. Он óчень вкýсный.

12. 用以下单词或词组造句。

ждать (когó-что)
  Мы ждём нáшего декáна.

вспоминáть (когó-что)
  Я чáсто вспоминáю мою́ бáбушку.

брать (когó-что) на пéрвое
  На пéрвое я всегдá берý суп.

принимáть лекáрство
  Кáждый день больны́е вóвремя принимáют лекáрство.

просить (кого-что, что де́дать)

Про́сим соблюда́ть тишину́.

преподава́ть (что)

Анна Петро́вна преподаёт ру́сскую литерату́ру.

проверя́ть (что)

Наш учи́тель всегда́ с удово́льствием проверя́ет на́ши дома́шние зада́ния.

13. 将下列词组译成俄语。

教汉语(преподава́ть кита́йский язы́к), 教俄语(преподава́ть ру́сский язы́к),

教英语(преподава́ть англи́йский язы́к), 退休(на пе́нсии),

午休(обе́денный переры́в), 在食堂吃饭(обе́дать в столо́вой),

等同学(ждать това́рища), 等公共汽车(ждать авто́бус), 改作业 (проверя́ть дома́шние зада́ния), 在教研室 (на ка́федре), 工作日 (рабо́чий день), 食品店 (продукто́вый магази́н),

扫地 (подмета́ть пол), 擦地 (мыть пол), 擦窗户 (мыть окно́), 擦桌子(вытира́ть стол), 洗杯子(мыть стака́н), 洗衣服(стира́ть бельё), 看杂志(чита́ть журна́л), 看电视(смотре́ть телеви́зор)

14. 按课文内容回答问题。

1) Кто вы (я) по профе́ссии? Где вы (я) рабо́таете (-аю)?

Я преподава́тель. Рабо́таю в Харби́нском политехни́ческом университе́те.

2) Что вы (я) преподаёте (-аю)?

Преподаю́ ру́сский язы́к и ру́сскую литерату́ру.

3) Когда́ вы (я) встаёте (-аю)? Ра́но?

Ра́но встаю́.

4) Что вы (я) де́лаете (-аю) у́тром?

Де́лаю у́треннюю заря́дку, умыва́юсь, чи́щу зу́бы, принима́ю холо́дный душ.

5) Что ма́ма де́лает у́тром?

Она́ гото́вит за́втрак.

6) Почему́ ма́ма не идёт на рабо́ту?

Она́ на пе́нсии.

7) Где вы обе́даете?

В столо́вой.

8) Что вы (я) де́лаете (-аю) на ка́федре?

На ка́федре я проверя́ю дома́шние зада́ния.

9) Что вы (я) покупа́ете (-аю) в продукто́вом магази́не?

Там я покупа́ю сок, молоко́, хлеб.

10) Кто мо́ет посу́ду по́сле у́жина?

Я мо́ю посу́ду.

УРОК 7

一、语法要点

本课语法内容为：1. 未完成体动词将来时；2. 动词 быть 的现在时、过去时和将来时；3. 状语。

动词 быть 的现在时、过去时和将来时

这里需注意：быть 的现在时形式是 есть。есть 没有人称、性和数的区别。есть 表示"在"的意义时，一般省略不用，例如：—Сейча́с ма́ма до́ма? —Да, она́ до́ма。但表示"有"的意义时，通常不省略，例如：У вас есть маши́на? У Ма́ши есть биле́т?

быть 的过去时形式是：был, была́, бы́ло, бы́ли，否定形式是 не́ был, не была́, не́ было, не́ были。一定注意重音的变化。

быть 的将来时形式：

я бу́ду, ты бу́дешь, он бу́дет, мы бу́дем, вы бу́дете, они́ бу́дут。

二、重点词汇

собра́ние, -я;
   торже́ственное ~, ва́жное ~, идти́ на ~, быть на собра́нии
   Идёт собра́ние.
   Мы бы́ли на собра́нии.
   Я иду́ на собра́ние.
собира́ть, -а́ю, -а́ешь; кого́-что 收集；召集到一起；收拾到一起
   ~ ма́рки, ~ старомо́дные ме́бели, ~ кни́ги
   Я собира́ю ма́рки, а он собира́ет старомо́дную ме́бель.
обожа́ть, -а́ю, -а́ешь, кого́-что 崇拜；热爱（达到崇拜的程度） 2.что (俗) 非常爱好，非常喜欢
   ~ му́зыку, ~ своего́ па́пу, ~ футбо́л
   Са́ша про́сто обожает э́того футболи́ста.

三、重点句型

1. Что мы бу́дем де́лать за́втра?
2. У кого́ есть ли́шний биле́т?

3. Что было у вас в субботу?

4. Что у нас будет на обед?

5. Когда будут Олимпийские игры?

6. Какая погода будет завтра?

四、言语练习（1）

略

五、课文要点

1. В выходной день я обязательно иду в театр на спектакль.

    в выходной день, иду на спектакль

2. Они побывали во многих местах.

    побывать, -аю, -аешь [完]到(若干地方去),游历(若干地方);住(若干时间)

    ~ во многих странах мира, ~ на Кавказе и Сибири

    В каких городах вы уже побывали?

    Я побывал на юге летом.

六、言语练习（2）

1. 仿照对话5编写对话。
2. 转述课文。

七、"范句"中需替换内容的答案

1. (посещать музей Гугун; делать уборку дома; играть в гольф)

2. (плавать в бассейне; играть в футбол на стадионе)

3. (Сергей будет; Вера и Маша будут, родители будут, дедушка и бабушка будут)

4. (в кино, на выставке, на вечере, в парке Бэйхай)

5. (тебя, вас, нас; мобильник, карта)

6. (киоске, магазине «Чай», гастрономе)

7. (был спектакль, был вечер; была свадьба; было соревнование)

8. (—Вчера врач Иванов был на телебашне?

    —Да, он был там.

    —Нет, он не был там.

    —Вчера Мария Ивановна была на телебашне?

    —Да, она была там.

    —Нет, она не была там.

—Вчера́ но́вые студе́нты бы́ли на телеба́шне?
—Да, они́ бы́ли там.
—Нет, они́ не́ были там.)

八、课文译文

爱好

大概每个人都有自己的兴趣或者爱好。比方说,我的朋友萨莎热衷于集邮。他是个狂热的集邮者。我姐姐丽达非常喜欢现代音乐。而我的爱好是去剧院看演出。休息日我一定(都)会去剧院看话剧。我的很多同学也都非常喜欢看剧。我们经常一起去看话剧,然后热烈地讨论这出戏。

尼娜和柳芭喜欢旅行。她们去过很多地方:贝加尔湖、西伯利亚、乌拉尔和顿河。她们每个月一定要去某个城市旅行。例如,星期五晚上她们会坐上《莫斯科—诺夫哥罗德》的火车,星期日晚上再坐《诺夫哥罗德—莫斯科》的火车回来。她们见多识广,到处都有朋友(广交朋友)。

而玛莎和奥莉娅喜欢跑步。她们经常跑步,因此她们身材和身体都很好。

那您的爱好又是什么呢?

九、练习参考答案

УПРАЖНЕ́НИЯ И ЗАДА́НИЯ

1. 将括号里的动词变为将来时形式。

   1) За́втра у́тром мы (бу́дем осма́тривать) го́род.
   2) В воскресе́нье мы не (бу́дем рабо́тать).
   3) Сего́дня ве́чером я (бу́ду смотре́ть) кинофи́льм.
   4) По́сле обе́да Ива́н (бу́дет расска́зывать) о свое́й рабо́те в Аме́рике.
   5) Ве́чером гид (бу́дет провожа́ть) э́тих тури́стов в Москву́.
   6) Сего́дня по́сле обе́да у нас (бу́дут) перегово́ры.
   7) Сего́дня по́сле у́жина она́ (бу́дет гуля́ть) в саду́.
   8) Ребя́та (бу́дут игра́ть) в ша́хматы.
   9) Сего́дня э́ти арти́сты (бу́дут выступа́ть) на ве́чере.
   10) Ско́ро мой брат (бу́дет рабо́тать) в э́той фи́рме.

2. 将句中划线的动词变成将来时形式。

   1) Ма́ша и Са́ша <u>загора́ют</u> на пля́же.
      Ма́ша и Са́ша <u>бу́дут загора́ть</u> на пля́же.
   2) Мой брат <u>у́чится</u> в институ́те.

Мой брат будет учиться в институте.

3) Я жду друга.

Я буду ждать друга.

4) Мы слушаем концерт.

Мы будем слушать концерт.

5) Ребята обедают в ресторане.

Ребята будут обедать в ресторане.

6) Дети встречают иностранных друзей.

Дети будут встречать иностранных друзей.

7) Его сестра работает на заводе.

Его сестра будет работать на заводе.

8) Летом я купаюсь в реке.

Летом я буду купаться в реке.

9) В этом магазине продают красивую одежду и обувь.

В этом магазине будут продавать красивую одежду и обувь.

10) На ужин мы едим жареную рыбу в кисло-сладком соусе, тушёное мясо, соевый творог.

На ужин мы будем есть жареную рыбу в кисло-сладком соусе, тушёное мясо, соевый творог.

3. 按示例续对话。

示例：—Обычно я много работаю.

—А завтра вы тоже будете много работать?

—Да. (Нет.)

1) —Обычно летом я отдыхаю в приморском санатории.

—А в этом году вы тоже будете отдыхать в приморском санатории?

—Да. (Нет.)

2) —Мой отец сегодня не работает.

—А завтра он тоже не будет работать?

—Да. (Нет.)

3) —Обычно после ужина мы гуляем.

—А сегодня вы тоже будете гулять?

—Да. (Нет.)

4) —Обычно вечером бабушка смотрит телевизор.

—А сегодня она тоже будет смотреть (телевизор)?

—Да. (Нет.)

5) —Вечером мы обычно играем в шахматы.

—А сегодня вы тоже будете играть (в шахматы)?

—Да. (Нет.)

4. 用右边动词的三个时间形式填空。

1) Вчера́ ве́чером Ни́на <u>писа́ла</u> письмо́.

Сейча́с Ни́на <u>пи́шет</u> письмо́.

За́втра Ни́на <u>бу́дет писа́ть</u> письмо́.

2) За́втра они́ <u>бу́дут игра́ть</u> в гольф.

Сейча́с они́ <u>игра́ют</u> в гольф.

Вчера́ они́ <u>игра́ли</u> в гольф.

3) Сейча́с тури́сты <u>де́лают</u> поку́пки.

За́втра тури́сты <u>бу́дут де́лать</u> поку́пки.

Вчера́ тури́сты <u>де́лали</u> поку́пки.

4) Вчера́ у́тром э́ти тури́сты <u>посеща́ли</u> вы́ставку.

Сейча́с э́ти тури́сты <u>посеща́ют</u> вы́ставку.

За́втра у́тром э́ти тури́сты <u>бу́дут посеща́ть</u> вы́ставку.

5) В про́шлую сре́ду я <u>смотре́ла</u> фильм.

За́втра я <u>бу́ду смотре́ть</u> фильм.

Сейча́с я <u>смотрю́</u> фильм.

6) Вчера́ ребя́та <u>встреча́ли</u> иностра́нных друзе́й.

За́втра ребя́та <u>бу́дут встреча́ть</u> иностра́нных друзе́й.

Сейча́с ребя́та <u>встреча́ют</u> иностра́нных друзе́й.

5. 用 быть 的适当形式填空。

1) —Како́й день <u>бу́дет</u> за́втра?

—За́втра <u>бу́дет</u> четве́рг.

2) —Вы <u>бы́ли</u> в Шанха́е?

—Да, <u>был</u>.

3) —Вчера́ <u>был</u> вто́рник?

—Нет, вчера́ <u>была́</u> среда́.

4) —Где вы <u>бу́дете</u> за́втра?

—За́втра мы <u>бу́дем</u> на вы́ставке.

5) —Кака́я экску́рсия у вас <u>была́</u> вчера́?

—Вчера́ у нас <u>была́</u> экску́рсия в парк Бэйха́й.

6) —Кто <u>бу́дет</u> у вас на перегово́рах послеза́втра?

—Послеза́втра у нас <u>бу́дут</u> иностра́нные друзья́.

7) —Что <u>бу́дет</u> в теа́тре сего́дня ве́чером?

—Ве́чером в теа́тре <u>бу́дет</u> пеки́нская о́пера.

8) —Како́й день <u>был</u> вчера́?

—Вчера́ <u>бы́ло</u> воскресе́нье.

9) —За́втра вы <u>бу́дете</u> на конце́рте?

—Нет, я не <u>бу́ду</u>: у меня́ <u>бу́дут</u> го́сти.

10) —Где была Нина вчера?

—Она была в музее.

6. 回答下列问题。

1) —Будет ли у вас свободное время вечером?

—Да, будет. А что?

—Будут ли у них переговоры в пятницу?

—Да, будут.

—Когда у вас будет экскурсия?

—Завтра утром.

—Когда в театре будет балет?

—В воскресенье вечером.

2) —Где вы будете сегодня вечером?

—Буду на концерте.

—Где будут ребята в воскресенье?

—Они будут в зоопарке.

—Кто будет на выставке сегодня после обеда?

—Важные гости будут на выставке.

—Когда вы будете на рынке?

—В субботу утром.

3) —Какая погода сегодня?

—Солнечная.

—Какая погода была вчера?

—Пасмурная.

—Какая погода будет завтра?

—Завтра будет дождь, сильный ветер.

—Какая погода будет послезавтра?

—Послезавтра будет хорошая погода.

4) —Какой день сегодня?

—Понедельник.

—Какой день был вчера?

—Вчера было воскресенье.

—Какой день был позавчера?

—Позавчера была суббота.

—Какой день будет завтра?

—Завтра будет вторник.

5) —Когда у вас будет экскурсия по Пекину?

—В следующий четверг.

—Кто будет на вечере сегодня после ужина?

—Наш ректор будет.

—Что бу́дет по телеви́зору сего́дня ве́чером?

—Но́вый францу́зский фильм.

—Когда́ у вас бу́дут та́нцы?

—В суббо́ту ве́чером.

7. 将下列对话译成俄语。

1) —你有香烟吗？

—我没有。

—谁有？

—他好像有。

—У тебя́ есть сигаре́ты? (Есть ли у тебя́ сигаре́ты?)

—Нет, у меня́ нет.

—А у кого́ есть?

—У него́, наве́рное, есть.

2) —今晚你去看芭蕾舞吗？

—不去，我已经看过了。

—Сего́дня ве́чером ты пойдёшь на бале́т?

—Нет, я уже́ ви́дела (посмотре́ла).

3) —明天是星期二还是星期三？

—星期二。

—За́втра бу́дет вто́рник и́ли среда́?

—Вто́рник.

4) —你明天去看话剧吗？

—不去，我明天有课。

—За́втра ты пойдёшь на спекта́кль? (За́втра ты бу́дешь на спекта́кле?)

—Нет, за́втра у меня́ бу́дут заня́тия.

5) —你知道明天天气怎样吗？

—广播说：明天会很凉（爽），可能有大雨。

—Зна́ешь ли ты, кака́я пого́да бу́дет за́втра?

—По ра́дио передава́ли, что за́втра бу́дет прохла́дно, наве́рное, бу́дет си́льный дождь.

6) —谁昨天听音乐会了？

—我们都听了。

—Кто вчера́ был на конце́рте? (Кто вчера́ слу́шал конце́рт?)

—Все мы бы́ли (слу́шали).

7) —你昨天去哪里了？

—我昨天去看足球赛了。

—Где ты был вчера́?

—Я был на футбо́льном ма́тче.

8. 朗读下列对话，将动词现在时形式改成过去时形式。

   1) —Где ты обы́чно обе́даешь?

      —Я обы́чно обе́даю до́ма. А ты?

      —Я обе́даю в рестора́не.

      (—Где ты обе́дал вчера́?

      —В столо́вой. А ты?

      —Я обе́дал в кафе́.)

   2) —Что там де́лает Мари́я?

      —Поёт и танцу́ет.

      —А Макси́м?

      —Он там фотографи́руется.

      (—Что де́лала Мари́я вчера́ ве́чером?

      —Она́ пе́ла и танцева́ла.

      —А Макси́м?

      —Он фотографи́ровался.)

   3) —Как вы прово́дите вре́мя ве́чером?

      —Отдыха́ем и разгова́риваем в своём но́мере. А вы?

      —Мы сиди́м в ба́ре и́ли гуля́ем.

      (—Как вы проводи́ли вре́мя ве́чером?

      —Отдыха́ли и разгова́ривали в своём но́мере. А вы?

      —Мы сиде́ли в ба́ре и гуля́ли.)

9. 用 быть 的过去时形式填空，并把句子译成汉语。

   1) —Где была́ Ма́ша вчера́ ве́чером? 玛莎昨天晚上去哪儿了？

      —Она́ была́ на конце́рте. 她去听音乐会了。

      —Ещё кто был на конце́рте? 还有谁去听音乐会了？

      —На нём бы́ли все её друзья́. 她的所有朋友都去听了。

   2) —Бы́ли ли вы ра́ньше в Пеки́не? 您从前到过北京吗？

      —Был. Там живёт мой дя́дя. 去过。我叔叔住在那儿。

   3) —Вчера́ была́ экску́рсия на ба́шню Сяоя́ньта? 昨天去小雁塔旅游了吗？

      —Была́. Ра́зве ты не был на экску́рсии? 去了。难道你没有去旅游吗？

      —Не был. Я пло́хо себя́ чу́вствовал. 没去。(昨天)我不舒服。

   4) —Вчера́ вы бы́ли в клу́бе? 您昨天去俱乐部了吗？

      —Коне́чно, был. Я вас там не ви́дел, а где вы бы́ли? 当然去了。我在那没看到您,您去哪儿了？

      —Я была́ в своём но́мере, я пло́хо себя́ чу́вствовала. 我在自己房间,我不舒服。

基础课 УРОК 7

10. 用下列句式提问并回答。

1) У $\begin{array}{|l|}\hline \text{тебя} \\ \text{вас} \\ \text{нас} \\ \text{них} \\ \hline\end{array}$ есть...?

—У тебя есть нотбук?
—Да, у меня есть. (Нет, у меня нет.)
—У вас есть MP4 (эмпэ́ 4)?
—Да, у меня есть. (Нет, у меня нет.)
—У нас есть сим ка́рта?
—Да, у нас есть. (Нет, у нас нет.)
—У них есть телефо́нная ка́рта?
—Да, у них есть. (Нет, у них нет.)

2) Есть ли у $\begin{array}{|l|}\hline \text{нас} \\ \text{него́} \\ \text{неё} \\ \text{них} \\ \hline\end{array}$ ... ?

—Есть ли у нас телефо́нная ка́рта?
—Да, есть. (Нет, у нас нет.)
—Есть ли у него́ нотбук?
—Да, у него́ есть. (Нет, у него́ нет.)
—Есть ли у неё MP4?
—Да, у неё есть. (Нет, у неё нет.)
—Есть ли у них сим-ка́рта?
—Да, у них есть. (Нет, у них нет.)

11. 按示例用括号内的词提问并回答。

示例：—Сего́дня понеде́льник, вчера́ бы́ло воскресе́нье.
　　　　А како́й день был позавчера́?
　　　—Позавчера́ была́ суббо́та.
　　　（вто́рник—понеде́льник, среда́—вто́рник, четве́рг—среда́, пя́тница—четве́рг, суббо́та—пя́тница, воскресе́нье—суббо́та）

1) —Сего́дня вто́рник, вчера́ был понеде́льник. А како́й день был позавчера́?
—Позавчера́ бы́ло воскресе́нье.

2) —Сего́дня среда́, вчера́ был вто́рник. А како́й день был позавчера́?
—Позавчера́ был понеде́льник.

3) —Сегóдня четвéрг, вчерá былá средá. А какóй день был позавчерá?
   —Позавчерá был втóрник.
4) —Сегóдня пя́тница, вчерá был четвéрг. А какóй день был позавчерá?
   —Позавчерá былá средá.
5) —Сегóдня суббóта, вчерá былá пя́тница. А какóй день был позавчерá?
   —Позавчерá был четвéрг.
6) —Сегóдня воскресéнье, вчерá былá суббóта. А какóй день был позавчерá?
   —Позавчерá былá пя́тница.

12. 回答下列问题。
   1) —Когдá (В какóй день) у вас бы́ли тáнцы?
      —В прóшлую суббóту вéчером у нас бы́ли тáнцы.
   2) —Когдá (В какóй день) у них был банкéт?
      —Позавчерá (В воскресéнье) у нас был банкéт.
   3) —Когдá (В какóй день) у вас былá экскýрсия?
      —Вчерá (В прóшлое воскресéнье) у нас былá экскýрсия.
   4) —Когдá (В какóй день) у вас был пикни́к?
      —Позавчерá (В пя́тницу) у нас был пикни́к.
   5) —Когдá (В какóй день) вы поднимáлись на телебáшню?
      —Вчерá (В срéду) мы поднимáлись на телебáшню.
   6) —Когдá (В какóй день) вы слýшали концéрт?
      —Вчерá (Во втóрник) мы слýшали концéрт.
   7) —Когдá (В какóй день) ты писáл письмó домóй?
      —Позавчерá (В понедéльник) я писáл письмó домóй.
   8) —Когдá (В какóй день) вы посещáли э́тот музéй?
      —Вчерá (В срéду) мы посещáли э́тот музéй.
   9) —Когдá (В какóй день) вы игрáли в гольф?
      —Вчерá (В четвéрг) мы игрáли в гольф.

13. 按课文内容回答问题。
   1) Кто собирáет мáрки?
      Сáша собирáет мáрки.
   2) Кто такóй Сáша?
      Сáша — стрáстный филатели́ст.
   3) Какóе хóбби у Ли́ды?
      Онá óчень лю́бит совремéнную мýзыку.
   4) Кудá я идý в выходнóй день?
      Вы идёте в теáтр на спектáкль.
   5) Кто лю́бит путешéствовать?

Нина и Люба любят путешествовать.

6) Где уже побывали Нина и Люба?

Они уже побывали на Байкале, на Урале и на Волге.

7) Почему у Маши хорошая фигура?

Потому что она много бегает.

14. 用下列单词或词组造句。

играть в футбол, быть на концерте, у вас есть..., у кого есть..., в понедельник, останавливаться, делать уборку, у нас на обед ..., задерживаться

играть в футбол

Каждый день мой брат играет в футбол на футбольном поле.

быть на концерте

Вчера мы были на концерте.

у вас есть...

У вас есть нотбук?

у кого есть...

У кого есть мобильник?

в понедельник

В понедельник у нас будет спектакль.

останавливаться

Автобус номер 11 (одиннадцать) здесь не останавливается.

делать уборку

Каждый день дежурные делают уборку.

у нас на обед ...

Сегодня у нас на обед будут борщ, курица, жареная рыба, ещё пельмени.

задерживаться

Сегодня я не буду задерживаться на работе.

15. 用下列单词编两组对话。

рисовать, готовить, петь, танцевать, загорать, купаться, плавать, ловить рыбу, слушать музыку, ходить на лыжах

1) —Аня, как ты проводишь свободное время?

—Обычно плаваю, слушаю музыку. Я хорошо плаваю. А ты, Паша?

—Рисую, иногда купаюсь в реке, загораю, ловлю рыбу.

—А зимой? Что ты делаешь зимой в свободное время?

—Хожу на лыжах.

2) —Ребята, приглашаю всех в ресторан. Не будем готовить дома.

—Хорошая идея. Там мы будем и кушать, и петь, и танцевать.

—А кто хорошо поёт? Наташа, помню, ты хорошо поёшь. А Лида хорошо танцует.

—Молодец. Хорошая у тебя память.

УРОК 8

本课语法内容为：1. 名词复数第四格；2. 形容词、代词复数第四格；3. 与第四格连用的前置词。

名词复数第四格

以辅音 ц 结尾的阳性动物名词，复数第四格词尾带重音时为 -ов，不带重音时为 -ев，例如：

певе́ц→певцы́→певцо́в

кита́ец→кита́йцы→кита́йцев

иностра́нец→иностра́нцы→иностра́нцев

与第四格连用的前置词

в, на 与第四格连用除表示方向外，还具有其他的意义：

в: 表示某些动词要求的客体，例如：

Де́ти игра́ют в ша́хматы.

Мы ве́рим в свои́ си́лы.

на: 看；望；瞧

Шофёр смо́трит на светофо́р.

Тури́сты смо́трят на мо́ре.

除上述两个前置词外，还有一些前置词也与第四格连用。例如：

за: 1. 向（往、到）……那一边（外面、后面）

Са́ша уе́хал за грани́цу.

Мы хоти́м пое́хать за реку.

2. 由于；因为（表示致谢、奖惩、爱憎等的理由）

Спаси́бо за ва́шу по́мощь.

Лю́ди лю́бят его́ за доброту́.

3. 指出引起某种感情或心理状态的对象

Дочь беспоко́ится за мать.

Оте́ц ра́дуется за сы́на.

4. 为了；赞成

Я предлага́ю тост за ва́ше здоро́вье!

Он вы́ступил за э́то реше́ние.

5. 用、花(若干钱);按……价

    Я купи́л э́тот сувени́р за оди́н юа́нь.

6. 替代;顶替

    Сего́дня я рабо́таю за Ма́шу.

    Пока́ вы нахо́дитесь в Шанха́е, я отвеча́ю за вас.

7. 某些表示"开始、着手"等意义的动词要求的客体

    Но́вые перево́дчики уже́ взяли́сь за рабо́ту.

    Они́ уже́ приняли́сь за э́то де́ло?

под: 1. 置于……之下

    Он положи́л ту́фли под крова́ть.

    Мы попа́ли под дождь.

  2. 在……声音下,在……伴奏下

    Де́ти танцу́ют под му́зыку.

про: 关于……(表言语、思想等动词的客体)

    Брат расска́зывает про свои́х друзе́й.

    Про Са́шу я давно́ слы́шал.

че́рез: 1. (横着或从上面)跨过,越过

    Здесь мы ви́дим мост че́рез ре́ку.

    Стари́к перехо́дит че́рез у́лицу.

  2. 经过(若干时间、空间)以后

    Че́рез час я бу́ду до́ма.

    Я перехожу́ че́рез у́лицу.

二、重点词汇

отвеча́ть, -а́ю, -а́ешь; на что 回答;за кого́-что 负责

  ~ на вопро́с, ~ за своё поведе́ние

  Я не могу́ отвеча́ть на э́тот вопро́с.

  Ты уже́ взро́слый. Ты до́лжен отвеча́ть за своё поведе́ние.

взя́ться, возьму́сь, возьмёшься; за что 着手,开始做

  Я уже́ взялся́ за э́ту рабо́ту.

приня́ться, приму́сь, при́мешься; за что и́ли с инф. 着手,开始(做某事),动手(搞,弄)

  Когда́ ты приня́лся за э́ту рабо́ту?

положи́ть, положу́, поло́жишь; кого́-что 平放,放置;放进;把……送进(医院等)

  Куда́ ты положи́л мои́ кни́ги?

  Мы положи́ли Лю́бу в больни́цу.

провожа́ть, -а́ю, -а́ешь; кого́-что 送

  Кого́ ты провожа́ешь?

  Мы провожа́ем друзе́й на вокза́ле.

уважа́ть, -а́ю, -а́ешь; кого́-что 尊敬

俄语

Мы о́чень уважа́ем э́тих преподава́телей.
Я уважа́ю свои́х роди́телей.

приезжа́ть, -а́ю, -а́ешь 来到,到达(指乘车、船等)

Ка́ждый год в наш го́род приезжа́ют иностра́нные тури́сты.
Кто вчера́ приезжа́л в ваш университе́т?

三、重点句型

1. Кого́ вы жда́ли, когда́ мы посеща́ли музе́й?
   посеща́ть, -а́ю, -а́ешь; кого́-что; 去参观,去看
      ~ музе́й, ~ заво́д
2. Каки́х люде́й ты терпе́ть не мо́жешь?
3. Я за э́то предложе́ние!
   关于 за 的用法参见本课的语法要点。
4. Спаси́бо за ва́шу по́мощь.
   关于 за 的用法参见本课的语法要点。
5. Но при чём тут Интерне́т?
   при чём тут (кто-что) 是固定用法。这与……有什么关系
   При чём тут я?

四、言语练习(1)

1. 略

五、课文要点

1. Ка́ждый год ле́том в Харби́не прово́дится Харби́нская... я́рмарка, а зимо́й — Фестива́ль льда и сне́га.
   проводи́ться, -о́ится, -о́ятся 举行,进行
2. На я́рмарку... приезжа́ют … тури́сты.
   前置词 на 的用法参见本课的语法要点。
3. Всех их о́чень интересу́ют ледяны́е фонари́ и скульпту́ры.
   интересова́ть, -су́ю, -су́ешь; кого́-что 使……感兴趣,引起兴趣,使想知道
   Меня́ интересу́ет ва́ше мне́ние.
   Меня́ интересу́ет матема́тика.

基础课 УРОК 8

六、言语练习 (2)

1. 仿照对话 1,3 编写对话。

2. 用俄语介绍自己的家乡。

七、"范句"中需替换内容的答案

1. (наших преподавателей, знаменитых артистов)
2. (журналистов, врачей, писателей, детей)
3. (этих продавщиц, этих переводчиц, тех работниц, тех медсестёр)
4. (наших учителей, моих сестёр, ваших братьев, ваших сыновей)
5. (известных инженеров, народных артистов, русских гостей)

八、课文译文

哈尔滨市

哈尔滨市是黑龙江省的省会,是重要的工业基地和交通枢纽。

哈尔滨的夏天(非常)凉爽。游客可以在这里很好地度假。著名的太阳岛位于松花江岸边。那里有非常好的沙滩、清新的空气、清澈的江水。人们在这里晒太阳,游泳,休息。

每年夏天哈尔滨都举办哈尔滨经济贸易洽谈会,冬天举办冰雪节。中外客商和游客来参加哈洽会和冰雪节。他们都对冰灯和冰雕很感兴趣。

哈尔滨还有另外一些有趣的好地方:著名的步行街——中央大街和果戈里大街,著名的索菲亚教堂和哈尔滨东北虎林园。

哈尔滨人非常喜欢自己的城市。

九、练习参考答案

УПРАЖНЕНИЯ И ЗАДАНИЯ

1. 将括号里的词变成第四格形式。

   1) Вчера на вокзале я встречал (товарищей, друзей, певцов, преподавателей, туристов, родителей).
   2) Там мы видели (учёных, англичан, солдат, бойцов, юношей и девушек).
   3) Он идёт провожать (туристов, учителей, детей, артисток, певиц, артистов, учительниц).
   4) Весь наш народ любит (героев, учёных).

5) Я часто вспоминаю (своих учителей).

6) Они встречают (иностранных друзей) в аэропорту.

7) Он долго ждал (своих товарищей).

8) Мы хорошо знаем (этих известных учёных).

9) Ты знаешь (моих братьев)?

10) Разве вы не знаете (тех девушек)?

11) Он вчера на вокзале провожал (своих родителей).

12) Когда мы жили в Сиане, мы часто навещали (старых друзей).

13) Вся страна знает (этих известных писателей).

14) В парке я видел (симпатичных детей). Они пели, танцевали.

15) В библиотеке я часто вижу (тех профессоров). Они там читают (иностранные журналы и газеты).

2. 用 какой, чей 的相应形式填空,然后用括号里的词回答问题。

1) Какие дома вы видели в этом городе?

Мы видели большие (маленькие, высокие, красивые, старинные) дома.

2) Каких детей вы видите на площади?

Мы видим маленьких (красивых, китайских, русских, симпатичных) детей.

3) Какие сувениры покупают девушки?

Они покупают китайские (русские, красивые, традиционные) сувениры.

4) Каких туристов спрашивал гид сегодня?

(О каких туристах) спрашивал гид сегодня?

Он спрашивал тех (этих) туристов.

Он спрашивал о тех (об этих) туристах.

5) Чьи слова часто вспоминает Саша?

О чьих словах часто вспоминает Саша?

Саша часто вспоминает ваши (наши, мои, твои, его, их) слова.

Саша часто вспоминает о ваших (наших, моих, твоих, его, их) словах.

6) Чьих родителей вы хорошо знаете?

Я хорошо знаю, своих (твоих, его, её, ваших) родителей.

3. 用名词的复数形式回答下列问题。

1) Кого ищет наш преподаватель?

Он ищет своих ребят.

2) Кого хорошо знает ваш друг?

Он хорошо знает моих друзей.

3) Кого вы видели на выставке?

Я там видел наших руководителей.

4) Кого вы провожали в аэропорту?

Я провожал иностранных гостей.

5) Кого навещали ваши друзья вчера?

Они навещали больных товарищей.

6) Что вы любите читать?

Я люблю читать романы и повести.

7) Что читают молодые люди в свободное время?

Они читают газеты и журналы.

8) Кого ждут те дети?

Они ждут своих родителей.

9) Кого вы часто встречаете на вокзале?

Мы часто встречаем иностранных гостей.

10) Кого вы часто видите в парке?

Мы часто видим молодых журналистов.

4. 用右边的词组回答下列问题。

1) Кого ты здесь ждёшь?

Я жду мою старшую сестру (моих младших сестёр, моего младшего брата, моих братьев).

2) Кого они провожают?

Они провожают моего отца и мою мать (моих родителей, моего товарища, моих товарищей, нового соседа, новую переводчицу, тех туристов, своего преподавателя, своих учеников, иностранных друзей, известного героя).

3) Кого вы встречаете?

Я встречаю известных героев (свою бабушку, новых бойцов, известного учёного, известных учёных, иностранных гостей, нашего директора, моего хорошего друга, моих хороших друзей).

5. 将下列句子译成俄语。

1) 他非常尊重我们这些年轻教师。

Он очень уважает нас, молодых преподавателей.

2) 我非常喜欢这些作家。

Я очень люблю этих писателей. (Мне очень нравятся эти писатели.)

3) 他买水果去了。

Он пошёл покупать фрукты. (Он пошёл за фруктами.)

4) 寒假时我们经常去看望老朋友。

На зимних каникулах мы часто навещали старых друзей.

5) 他经常在这个市场买菜。

Он часто на этом рынке покупает овощи.

6) 父母为孩子们感到高兴。

Родители радуются (рады) за своих детей.

7) 感谢你们的关心。

　　Благодарим вас за заботу. (Спасибо вам за заботу.)

8) 我提议为我们的老师干一杯。

　　Я предлагаю выпить за наших преподавателей.

9) 哈尔滨的冰雪节吸引着大批的外国游客。

　　Харбинский Фестиваль льда и снега привлекает много иностранных туристов.

10) 昨天我们在音乐的伴奏下翩翩起舞,愉快地度过了美妙的夜晚。

　　Вчера мы танцевали под музыку, весело провели прекрасный вечер.

6. 用 кто он такой (кто она такая, кто они такие) 续句子,并回答问题。

　　示例: —Видите ли вы тех молодых людей? Кто они такие?
　　　　　　—Они спортсмены.

　　1) —Ты знаешь ту девушку? Кто она такая?　—Она продавщица.

　　2) —Ты знаешь того юношу? Кто он такой?　—Он мой брат.

　　3) —Нина, это твоя подруга? Кто она такая?　—Она продавщица.

　　4) —Видишь ли ты того старика? Кто он такой?　—Это наш директор.

　　5) —Видишь ли ты того мужчину? Кто он такой?
　　　　—Это известный переводчик.

　　6) —Не знаете ли вы ту женщину? Кто она такая?　—Это моя жена.

7. 朗读下列句子,并译成汉语。

　　1) Когда экскурсовод рассказывает, туристы всегда внимательно слушают.
　　　(当)导游讲解的时候,游客们总是认真听讲。

　　2) Утром, когда я гуляю, я часто вижу наших соседей.
　　　早晨,(当)我散步的时候,我经常看到我们的邻居。

　　3) Мой друг хорошо знает русский язык. Я его часто спрашиваю, когда встречаю новые слова.
　　　我的朋友俄语很好。当我遇到生词的时候,我经常请教他。

　　4) Когда мы гуляем в парке Ихэюань, мы часто видим зарубежных гостей.
　　　我们在颐和园散步的时候,常常会见到外国客人。

　　5) Когда дети катаются на лодке, родители загорают на пляже.
　　　孩子们划船的时候,家长在沙滩上晒太阳。

8. 按句子意思选用 идти 的适当形式填空。

　　1) Товарищ Лю идёт на ужин.

　　2) Дети идут на выставку.

　　3) Мой друг идёт в гостиницу, а я иду в кафе.

　　4) —Куда идут эти иностранные гости?
　　　—Они идут на пешеходную улицу.

　　5) —Ты идёшь в ресторан?
　　　—Нет, я иду в свой номер, плохо себя чувствую.

6) —Куда́ вы идёте?

—Я иду́ в столо́вую.

7) —Куда́ ты идёшь?

—Я иду́ домо́й.

8) Они́ иду́т в кино́ на но́вый фильм.

9. 用下列动词的适当形式填空。

проводи́ть

1) Где вы обы́чно прово́дите вре́мя в воскресе́нье?

2) Вчера́ мой друг проводи́л вре́мя в бассе́йне.

3) Молодёжь всегда́ вме́сте прово́дит вре́мя в воскресе́нье.

4) Ле́том одни́ тури́сты прово́дят вре́мя на мо́ре, други́е — в санато́риях.

есть

1) Вчера́ вся на́ша семья́ с аппети́том е́ла ры́бу.

2) Моя́ ба́бушка хорошо́ гото́вит пельме́ни, и мы всегда́ еди́м с аппети́том.

3) Вы ча́сто еди́те мя́со?

4) В воскресе́нье я всегда́ ем рис.

5) Како́й суп ест ваш брат?

6) Ка́ждый день ты ешь рис?

10. 记住下列动词的支配关系，并造句。

вспомина́ть кого́-что, о ком-чём

Я ча́сто вспомина́ю то вре́мя, когда́ я жил в дере́вне.

Я иногда́ вспомина́ю о своём дру́ге.

говори́ть что; о ком-чём

Мы не раз говори́ли о на́шей пое́здке.

Я говорю́ пра́вду.

петь что; о ком-чём

Каку́ю пе́сню бу́дут петь на́ши ребя́та?

О чём поёт э́тот арти́ст?

писа́ть что; о ком-чём

Я ча́сто пишу́ домо́й о свое́й жи́зни в университе́те.

О ком пи́шет писа́тель в своём но́вом расска́зе?

разгова́ривать о ком-чём

Мы весь ве́чер разгова́ривали о том, о сём.

расска́зывать что, о ком-чём

Я́ша расска́зывал о том, как он встреча́л свою́ сестру́ на вокза́ле.

Профе́ссор сам расска́зывал э́ту но́вость.

спра́шивать кого́, о ком-чём

О чём спра́шивал тебя́ Макси́м?

 Кого спрашивал на уроке учитель?

отвечать на что

 На занятиях мы активно отвечаем на вопросы.

смотреть на кого-что

 Мы долго стояли и смотрели на эти красивые цветы.

11. 按课文内容回答问题。

1) Какое лето в Харбине?

 В Харбине прохладное лето.

2) Где находится Солнечный остров?

 Солнечный остров находится на берегу Сунхуацзян.

3) Где люди загорают летом?

 Летом люди загорают на пляже.

4) Когда в Харбине проводится (торгово-экономическая) ярмарка?

 Каждый год летом в Харбине проводится (Харбинская торгово-экономическая) ярмарка.

5) Какой праздник проводится зимой в Харбине?

 Зимой в Харбине проводится Фестиваль льда и снега.

6) Что зарубежные гости любят смотреть в Харбине?

 Всех их очень интересуют ледяные фонари и скульптуры.

7) В каких местах стоит побывать в Харбине?

 Во многих местах, например: стоит побывать на знаменитой пешеходной улице, на улице Гоголя, в знаменитом Софийском соборе, в Харбинском питомнике амурских тигров.

8) Что вы можете рассказать о Харбине?

 Харбин — знаменитый город. Это административный центр провинции Хэйлунцзян, важная промышленная база и транспортный узел.

УРОК 9

一、语法要点

本课语法内容为:1. 名词、形容词、代词单数第二格;2. 第二格的用法(1);3. 要求二格的前置词。

名词、形容词、代词单数第二格

1. 某些名词变单数第二格时,重音移动,例如:

   стол—стола́, слова́рь—словаря́, врач—врача́;

2. 有些名词单数第二格变化特殊,例如:

   мать—ма́тери, день—дня, оте́ц—отца́;

3. 以 -мя 结尾的中性名词的单数第二格词尾为 -мени,例如:

   и́мя—и́мени вре́мя—вре́мени;

4. 以 -а, -я 结尾的阳性名词的单数第二格词尾与以 -а, -я 结尾的阴性名词单数第二格词尾相同,例如:

   де́душка—де́душки, дя́дя—дя́ди, мужчи́на—мужчи́ны, ю́ноша—ю́ноши。

   形容词单数第二格词尾在 ж,щ,ч,ш 后时,带重音时为 -о́го, -о́й;不带重音时为 -его, -ей,例如:

   большо́й—большо́го, хоро́ший—хоро́шего。

二、重点词汇

у [前](接二格)(表处所)在……旁边,在……跟前,在……附近,在……左右

   стоя́ть ~ окна́, останови́ться ~ вхо́да, жить ~ са́мого мо́ря

   (表处所)在……那里,在……处,在……家;在某人处(有),某处(有)

   жить ~ роди́телей

   Кни́гу я нашла́ у себя́ до́ма.

   У него́ сын и дочь.

   (表领属关系)属于……的,某人的,某物的(与меня́, нас 连用,说明у́мница, молодчи́ца 等时表示昵称)

   У меня́ де́ти уже́ взро́слые, а у него́ ещё ма́ленькие.

   Голова́ у меня́ боли́т.

   (表来源)向……,从……,由……

   взять де́ньги у ма́мы, узна́ть у дека́на, проси́ть по́мощи у преподава́теля от [前](接二格)离……,从……;由于

далеко́ от Москвы́, в двадцати́ киломе́трах от го́рода, письмо́ от дру́га, от оби́ды

Рабо́тает он от утра́ до́ ночи.

по́сле [前](接二格)在……之后

~ собра́ния, ~ рабо́ты

для [前](接二格)为了

~ Ро́дины, ~ бра́та, ~ сы́на, ~ университе́та

с [前](接二格)从;从……开始

~ э́того дня, ~ утра́, встать со сту́ла, верну́тсья ~ заво́да

из [前](接二格)自,由,从……里

~ ко́мнаты, ~ университе́та, ~ письма́, ~ ка́мня

Кто из вас хорошо́ понима́ет по-ру́сски?

то́лько что [副]

Где ты была́ то́лько что?

То́лько что я уви́дела Са́шу.

накану́не [前](接二格)在……前夜,在……前夕:[副词]前夜,在前一天

~ пра́здника, ~ войны́

называ́ться, -а́ется, -а́ются 叫做

Как называ́ется фильм?

Как называ́ется э́та у́лица?

三、重点句型

У меня́ нет ру́чки.

 У кого́ нет...

 У меня́ нет бра́та.

 У меня́ нет биле́та.

Нет ли у вас моби́льника?

 Нет ли у кого́...

 Нет у вас ли́шнего биле́та?

 Нет ли у вас но́мера телефо́на Ната́ши?

Кого́ нет на заня́тиях?

У кого́ сего́дня день рожде́ния?

Вчера́ я был в гостя́х у Андре́я.

Как себя́ чу́вствует ваш сын?

Что э́то за пра́здник?

 Что (э́то) за...

 1)(用于疑问句中,对质量,性质提问)什么样的,怎样的

 Что э́то за челове́к? Что э́то за кни́га?

2) (用作谓语)用于感叹句,对一些现象表示感情评价。
Что за ле́то!

四、言语练习(1)

略

五、课文要点

одева́ться в кра́сное
    одева́ться, -а́юсь, -а́ешься
    тепло́ ~, ~ в пальто́
гото́вить из ри́совой муки́?
    前置词 из 的用法:指出制成事物的材料,人的出身,某一整体的组成部分或事物所属类别。
    дом из ка́мня, буке́т из роз
    Он был из рыбако́в.

六、言语练习(2)

1. 仿照对话 1, 3 编写对话。

2. 转述课文内容。

七、"范句"中需替换内容的答案

1. (Серге́я, Алёши, на́шего дире́ктора)
2. (сего́дняшней газе́ты, ка́рты го́рода, креди́тной ка́рты)
3. (стака́на, свобо́дного вре́мени, лека́рства от гри́ппа)
4. (экску́рсии на Вели́кую Кита́йскую сте́ну, ре́йса, ли́вня)
5. (Англии, Аме́рики, Фра́нции, Хаба́ровска)
6. (Из теа́тра. Из общежи́тия; С рабо́ты. С вы́ставки.)
7. (городско́й больни́цы, теа́тра о́перы, медици́нского институ́та)
8. (моего́ отца́, того́ высо́кого мужчи́ны, э́того челове́ка)

八、课文译文

春节

每年的暮冬时节,中国人都会隆重欢度一年中的第一个传统节日——春节。春节是农历一月的第一天。按惯例,它会在 1 月或者 2 月来到(1 月或 2 月过这个节)。

红色是春节的象征,是太阳的颜色,是喜庆的颜色。这一天,女人们喜欢穿红色的衣服。人们在门上和墙上贴对联和艳丽的年画。

春节是中国最为盛大的,也是最为人们喜爱的节日。人们在过节的一周里不用上班。除夕时全家人都团聚在一起。做年夜饭,吃饺子,聊天,看电视。人们在街上放爆竹。很多人家一夜无眠,通宵庆祝,这就叫做"守岁"——等待新的一年的来临。第二天一早人们开始互相拜年。

人们在阴历的一月十五号庆祝元宵节。这天中国人吃元宵,闹花灯。元宵是用糯米做的。它们的外形像小圆球,里面的馅是甜的,它们象征着和睦家庭的幸福。这一天是春节的尾声。

九、练习参考答案

УПРАЖНЕНИЯ И ЗАДАНИЯ

1. 用括号内的词替换句中斜体词。

1) Мы читáем кни́гу *Лу Си́ня*.

   Мы читáем кни́гу Пу́шкина (Тургéнева, извéстного писáтеля).

2) На столé лежи́т кáрта *Мáши*.

   На столé лежи́т кáрта Ви́ктора (Волóди, Николáя, Сáши).

3) Наш гид стои́т у *окнá*.

   Наш гид стои́т у кáссы (вхóда, автóбуса, двéри).

4) Я студéнт *пéрвого кýрса*.

   Я студéнт пéрвой грýппы (Москóвского госудáрственного университéта).

5) Вéра пришлá от *профéссора Иванóва*.

   Вéра пришлá от господи́на Петрóва (от Анны Петрóвны).

6) Семья́ *моегó дрýга* живёт в Пеки́не.

   Семья́ тогó тури́ста (этого молодóго человéка, той дéвушки) живёт в Пеки́не.

7) Эти тури́сты приéхали из *Владивостóка*.

   Эти тури́сты приéхали из Япóнии (Китáя, Санкт-Петербýрга).

8) У *этого россия́нина* есть видеокáмера.

   У тогó япóнца (росси́йского коммерсáнта) есть видеокáмера.

9) Гости́ница нахóдится *недалекó от вокзáла*.

   Гости́ница нахóдится недалекó от универмáга (нóвой больни́цы, автомоби́льного завóда, кинотеáтра).

10) Об этом мы узнáли у *нáшего руководи́теля*.

    Об этом мы узнáли у своегó отцá (нóвого перевóдчика, моéй сестры́, этой краси́вой дéвушки).

2. 用否定形式回答下列问题。

1) У вас есть ру́сско-кита́йский слова́рь?

Нет, у меня́ нет ру́сско-кита́йского словаря́.

2) У тебя́ есть свобо́дное вре́мя?

Нет, у меня́ нет свобо́дного вре́мени.

3) Есть ли у нас после́дний но́мер журна́ла «Огонёк»?

Нет, у меня́ нет после́днего но́мера журна́ла «Огонёк».

4) Есть ли у тебя́ сего́дняшняя газе́та?

Нет, у меня́ нет сего́дняшней газе́ты.

5) У нас бу́дет экску́рсия в э́ту суббо́ту?

Нет, у нас не бу́дет экску́рсии в э́ту суббо́ту.

6) Бу́дет ли сего́дня дождь?

Нет, сего́дня не бу́дет дождя́.

7) Была́ ли у вас прогу́лка?

Нет, у нас не́ было прогу́лки.

8) У вас была́ убо́рка?

Нет, у нас не́ было убо́рки.

9) У вас есть ме́лочь?

Нет, у меня́ нет ме́лочи.

10) Ве́чером в па́рке бу́дет гуля́нье?

Нет, ве́чером в па́рке не бу́дет гуля́нья.

11) Вчера́ в клу́бе был фильм?

Нет, вчера́ в клу́бе не́ было фи́льма.

12) В воскресе́нье у вас был пикни́к?

Нет, в воскресе́нье у нас не́ было пикника́.

13) У ва́шего дру́га есть путеводи́тель?

Нет, у моего́ дру́га нет путеводи́теля.

14) У вас есть фотоаппара́т?

Нет, у нас нет фотоаппара́та.

15) У вас есть тало́н на обе́д?

Нет, у меня́ нет тало́на на обе́д.

16) У вас есть туале́т?

Нет, у нас нет туале́та.

17) У вас есть ва́нная?

Нет, у нас нет ва́нной.

18) У вас есть холоди́льник?

Нет, у нас нет холоди́льника.

俄语

3. 回答下列问题。

1) —Далеко́ ли от ва́шего до́ма до университе́та?
   —Да, далеко́. (Нет, недалеко́.)

2) —Когда́ вы выхо́дите из до́ма?
   —Я выхожу́ о́чень ра́но. (Я выхожу́ не о́чень ра́но.)

3) —Есть ли прямо́е сообще́ние от ва́шего до́ма до университе́та?
   —Да, есть прямо́е сообще́ние. (Нет прямо́го сообще́ния.)

4) —Како́й вид тра́нспорта вы предпочита́ете?
   —Я предпочита́ю метро́. (Я предпочита́ю такси́.)

5) —Кто из вас преподава́тель ру́сского языка́?
   —Я преподава́тель ру́сского языка́. (Он преподава́тель ру́сского языка́.)

6) —Кто из вас лю́бит сала́т из морко́ви и капу́сты?
   —Я люблю́ сала́т из морко́ви и капу́сты. (Оля лю́бит сала́т из морко́ви и капу́сты.)

7) —Что стои́т о́коло две́ри?
   —Около две́ри стои́т шкаф. (Около две́ри стои́т холоди́льник.)

8) —Что стои́т посреди́ ко́мнаты?
   —Посреди́ ко́мнаты стои́т стол и сту́лья. (Посреди́ ко́мнаты стои́т больша́я крова́ть.)

4. 联词成句。

1) Мой, друзья́, — студе́нт, институ́т, ру́сский, язы́к, Хэйлунцзя́нский, университе́т.
   Мои́ друзья́ — студе́нты институ́та ру́сского языка́ Хэйлунцзя́нского университе́та.

2) Весь, мы, люби́ть, чита́ть, кни́ги, вели́кий, писа́тель, Го́рький.
   Все мы лю́бим чита́ть кни́ги вели́кого писа́теля Го́рького.

3) Пеки́н, — столи́ца, Кита́йский, Наро́дный, Респу́блика. Это, се́рдце, наш, Ро́дина.
   Пеки́н — столи́ца Кита́йской Наро́дной, Респу́блики. Это се́рдце на́шей Ро́дины.

4) В, э́тот, ма́ленький, го́род, нет, музе́й, и, библиоте́ка.
   В э́том ма́леньком го́роде нет музе́я и библиоте́ки.

5) Наш, гости́ница, находи́ться, недалеко́, от, центр, го́род.
   На́ша гости́ница нахо́дится недалеко́ от це́нтра го́рода.

6) Я, ча́сто, получа́ть, пода́рки, от, свой, друг.
   Я ча́сто получа́ю пода́рки от своего́ дру́га.

7) У, он, нет, лека́рство, от, грипп.
   У него́ нет лека́рства от гри́ппа.

8) В, э́тот, гости́ница, нет, свобо́дный, но́мер.
   В э́той гости́нице нет свобо́дных номеро́в (свобо́дного но́мера).

9) У, мой, подру́га, нет, ка́рта, го́род, Нанки́н.
   У мое́й подру́ги нет ка́рты го́рода Нанки́на.

10) Этот, молодо́й, лю́ди, прие́хать, из, ю́жный, часть, наш, страна́.
    Эти молоды́е лю́ди прие́хали из ю́жной ча́сти на́шей страны́.

базовый УРОК 9

5. 用括号里的词替换斜体词，进行对话。

1) —Прости́те, нет ли у вас *телефо́нной ка́рты?*
   —Возьми́те, пожа́луйста. А где ва́ша ка́рта?
   —Я её забы́л в но́мере.
   —Прости́те, нет ли у вас (путеводи́теля, зо́нтика, бино́кля, ру́чки)?
   —Возьми́те, пожа́луйста. А где ваш (-а)(путеводи́тель, зо́нтик, бино́кль, ру́чка)?
   —Я его́ (её) забы́л в но́мере.

2) —Бы́ло ли у вас вчера́ *собра́ние?*
   —Вчера́ у нас не́ было собра́ния. Оно́ бу́дет за́втра.
   —Был (-а́) ли у вас вчера́ (банке́т, ве́чер, дискоте́ка, экску́рсия)?
   —Вчера́ у нас не́ было (банке́та, ве́чера, дискоте́ки, экску́рсии. Он (Она́) бу́дет за́втра.

3) —Есть ли у вас *видеока́мера?*
   —У меня́ нет видеока́меры. У *моего́ дру́га* есть.
   —Есть ли у вас (фотоаппара́т, моби́льник, чи́стая бума́га)?
   —У меня́ нет (фотоаппара́та, моби́льника, чи́стой бума́ги). (У Серге́я есть. У мое́й сестры́ есть. У това́рища Ва́на есть.

4) —У тебя́ есть *ру́чка?*
   —У меня́ нет ру́чки. Я забы́л её в гости́нице.
   —У тебя́ есть (ме́лочь, плёнка, моби́льник)?
   —У меня́ нет (ме́лочи, плёнки, моби́льника). Я забы́л её (его́) в гости́нице.

6. 按示例对句中划线词组提问。

示例：Это кни́га американского писа́теля. Чья э́то кни́га?

1) На столе́ па́спорт и биле́т Серге́я.
   Чей па́спорт и биле́т лежа́т на столе́?
2) Это фотогра́фия моей ма́тери.
   Чья э́то фотогра́фия?
3) Это стихи́ молодо́го поэ́та.
   Чьи э́то стихи́?
4) Там ка́рта того́ украи́нца.
   Чья э́то ка́рта?
5) Это очки́ на́шего води́теля.
   Чьи э́то очки́?
6) Это пальто́ Ната́ши.
   Чьё э́то пальто́?
7) На столе́ лежа́т се́рьги мое́й сестры́.
   Чьи се́рьги лежа́т на столе́?
8) Там стои́т маши́на на́шего руководи́теля.
   Чья маши́на стои́т там?

9) Мы часто читаем романы известного писателя.
Чьи романы вы часто читаете?

10) На столе лежит мобильник моего папы.
Чей мобильник лежит на столе?

7. 仿示例回答下列问题。

示例：—Откуда (От кого) ты вернулся?
—От моего друга.

1) От кого ты пришёл?
От моей подруги.

2) От кого это письмо?
От моего старшего брата.

3) От кого ты идёшь?
От нашего экскурсовода.

4) От кого ты вчера так поздно пришёл?
От моего знакомого.

5) От кого вы узнали об этом?
От нашего гида.

8. 选择适当的动词填空。

видеть   слышать   забывать

1) —Саша всегда сидит впереди, потому что он плохо видит.

2) —Вы из ресторана? Сергей там?
—Там я его не видел.

3) —Сегодня ты видел декана?
—Я его не видел.

4) Мой дедушка старый, но хорошо видит и слышит.

5) Ребята, не тихо ли я говорю, вы хорошо слышите?

6) Моя бабушка очень старая, она всё быстро забывает.

7) Я иногда забываю русские слова, поэтому плохо понимаю преподавателя.

9. 翻译下列对话。

1) —Ваня пришёл?
—Нет ещё.
—Ты не знаешь, когда он будет здесь?
—Наверное, через час.
—万尼亚来了吗？
—还没来。
—你知道他什么时候来吗？
—大概一小时以后。

2) —Здра́вствуй, Ира! Рад тебя́ ви́деть.
　　—Здра́вствуй, я то́же ра́да ви́деть тебя́.
　　—你好,伊拉！很高兴见到你。
　　—你好,见到你我也很高兴。

3) —До́брое у́тро!
　　—Приве́т.
　　—У меня́ сего́дня день рожде́ния.
　　—Поздравля́ю.
　　—Спаси́бо. Приглаша́ю вас сего́дня в го́сти.
　　—Спаси́бо за приглаше́ние.
　　—Всего́ хоро́шего.
　　—До свида́ния.
　　—早晨好。
　　—你好。
　　—今天我过生日。
　　—恭喜(祝贺)。
　　—谢谢。我请你们今天来做客。
　　—谢谢邀请。
　　—再见(祝一切顺利)。
　　—再见。

10. 将下列句子译成俄语。

1) —您带手机了吗?
　　—没有,我没有手机。
　　—Ты взял моби́льник?
　　—Нет, у меня́ нет моби́льника.

2) 从前这里没有这些高层楼房。
　　Ра́ньше здесь не́ бы́ло э́тих высо́ких домо́в.

3) 明天是谢尔盖的生日,我想为他买个礼物。
　　За́втра (бу́дет) день рожде́ния Серге́я, я хочу́ купи́ть для него́ пода́рок.

4) 很遗憾,昨天伊万没参加晚会。
　　Очень жаль, что вчера́ Ива́н не́ был на ве́чере. (Очень жаль, что вчера́ Ива́на не́ было на ве́чере.)

5) 请问,汽车站在哪里?
　　Скажи́те, пожа́луйста, где остано́вка авто́буса?

6) 为什么我的房间里没有茶杯?
　　Почему́ в моём но́мере (в мое́й ко́мнате) нет стака́нов?

7) 没有洗衣粉了。我去商店买洗衣粉和香皂。
　　Нет сти́рального порошка́. (Сти́ральный порошо́к ко́нчился.) Я иду́ в магази́н

покупа́ть стира́льный порошо́к и (туале́тное) мы́ло.

8) 春节是中国最重要的传统节日。

Пра́здник Весны́ — са́мый ва́жный традицио́нный пра́здник в Кита́е.

9) 元宵是圆形的，用糯米粉做的，馅是甜的。

Юаньсяо име́ет кру́глую фо́рму, их гото́вят из муки́ кле́йкого ри́са, их начи́нка сла́дкая.

10) 除夕夜里我们全家坐在一起包饺子。

Накану́не пра́здника Весны́ вся на́ша семья́ собира́ется вме́сте и гото́вит пельме́ни.

11. 按课文回答问题。

1) Когда́ отмеча́ют Пра́здник Весны́ в Кита́е?

Ка́ждый год в пе́рвый день пе́рвого ме́сяца но́вого го́да по лу́нному календарю́ кита́йский наро́д торже́ственно и ра́достно отмеча́ет пе́рвый в году́ традицио́нный пра́здник — Пра́здник Весны́.

2) Како́й цвет — си́мвол Пра́здника Весны́?

Си́мвол Пра́здника Весны́ — э́то кра́сный цвет, цвет со́лнца, цвет ра́дости. Же́нщины лю́бят одева́ться в э́тот день в кра́сное.

3) Что мо́жно уви́деть на дверя́х и стена́х?

На дверя́х и стена́х накле́иваются па́рные на́дписи и я́ркие карти́ны.

4) Что лю́ди де́лают накану́не Пра́здника Весны́?

Накану́не Пра́здника Весны́ лю́ди собира́ются вме́сте в семье́. Гото́вят пра́здничный у́жин, едя́т пельме́ни, разгова́ривают, смо́трят телеви́зор.

5) Что зна́чит "шоусу́й"?

Во мно́гих дома́х не спят, веселя́тся всю ночь, э́то называ́ется "шоусу́й" — ожида́ние наступле́ния Но́вого го́да.

6) Что лю́ди де́лают в пе́рвый день Пра́здника Весны́?

В пе́рвый день Пра́здника Весны́ у́тром лю́ди поздравля́ют друг дру́га с пра́здником.

7) Когда́ отмеча́ют Пра́здник Юаньсяо?

У́тром 15-ого января́ по лу́нному календарю́ отмеча́ется Пра́здник Юаньсяо.

8) Что тако́е "юаньсяо"?

"Юаньсяо" — э́то ша́рики, кото́рые гото́вят из муки́ кле́йкого ри́са.

9) Что лю́ди де́лают в Пра́здник Юаньсяо?

В э́тот день кита́йцы едя́т юаньсяо и любу́ются пра́здничными фонаря́ми.

10) Когда́ зака́нчивается Пра́здник Весны́?

Но́чью 15-ого января́ по лу́нному календарю́ зака́нчивается Пра́здник Весны́.

Повторение II
Упражнения и задания

1. 用括号里的词替换斜体词。

   1) Сейча́с мы идём *в теа́тр*.

   Сейча́с мы идём в больни́цу (компа́нию, музе́й, гости́ницу, шко́лу, парк, буфе́т).

   Сейча́с мы идём на по́чту (пло́щадь, пляж).

   2) Я е́ду *на вокза́л*.

   Я е́ду в банк (дере́вню, центр го́рода, го́род Сучжо́у, санато́рий, Москву́, аэропо́рт).

   Я е́ду на о́стров Хайна́нь.

   3) Вы е́дете *на фильм?*

   Вы е́дете на собра́ние (рабо́ту, обе́д, экску́рсию, бале́т, конце́рт, пеки́нскую о́перу, ве́чер)?

   4) Сейча́с они́ поднима́ются *на́ гору Хуаша́нь*.

   Сейча́с они́ поднима́ются на телеба́шню (восьмо́й эта́ж).

   5) Вчера́ э́ти тури́сты прие́хали *в Кита́й*.

   Вчера́ э́ти тури́сты прие́хали в Япо́нию (Аме́рику, Росси́ю, Пеки́н, Санкт-Петербу́рг, Сиа́нь).

2. 用右边的词组续完句子。

   1) Я ча́сто вспомина́ю свою́ ба́бушку (своего́ дру́га, свои́х учителе́й, ту ма́ленькую дере́вню, те дни, на́шего преподава́теля).

   2) Мы е́дем в аэропо́рт встреча́ть на́шего дире́ктора (знамени́тых арти́стов, на́ших профессоро́в, росси́йских тури́стов).

   3) У́тром я ви́дел иностра́нных госте́й (твоего́ това́рища, ту краси́вую де́вушку, на́шего но́вого инжене́ра, знамени́того певца́).

   4) На карти́не я ви́жу высо́кую го́ру (ма́ленькие дома́, краси́вых де́вочек, си́нее мо́ре, симпати́чных дете́й).

   5) Вы зна́ете об э́том го́роде (об э́тих молоды́х лю́дях, о той кни́ге, о том тури́сте, о мои́х бра́тьях, о его́ сёстрах)?

   6) Как зову́т того́ высо́кого мужчи́ну (ва́шего води́теля, э́тих тури́стов, ту медсестру́, на́шего ги́да)?

   7) Здесь я жду наш авто́бус (дежу́рного, свои́х знако́мых, свои́х подру́г, твоего́ дя́дю, тех россия́н).

   8) Ты ви́дишь то бе́лое зда́ние (лы́жную ба́зу, того́ солда́та, тех солда́т, тех япо́нцев)?

3. 用括号里的词组回答问题。

   1) Кого вы часто навещаете?

      Я часто навещаю своих родителей (своих учителей, своего дедушку, свою мать).

   2) Что он выбирает там?

      Он выбирает рубашку (подарок, часы, изделия народного искусства).

   3) Кого вы ищете?

      Мы ищем нашу переводчицу (господина Алексеева, нашего водителя).

   4) Что сегодня туристы посещают?

      Они посещают новый промышленный район (ту выставку, телебашню).

   5) Что ты хочешь пить?

      Я хочу (пить) чёрный чай (циндаоское пиво, вино, кока-колу).

   6) Что вы предлагаете посмотреть?

      Я предлагаю посмотреть могилу Цинь Шихуана (ледяные фонари, улицу Гоголя).

   7) Что вы слушаете?

      Я слушаю лёгкую музыку (русские песни, русскую народную сказку).

   8) Что вы пробовали?

      Я пробовал суп (кашу, пельмени, манты).

   9) Кого ждёт наш староста?

      Он ждёт нашего декана (Максима, Наташу, Сергея, Марию).

   10) Что хочешь взять?

      Хочу взять кофту (пальто, шубу, сучжоускую вышивку, шубу, джинсы, словарь, ручку).

4. 选用动词 слушать, слышать 填空。

   1) Когда гид рассказывал, туристы внимательно слушают его.

   2) Преподаватель говорит громко и медленно, и мы хорошо слышим каждое его слово.

   3) Мои друзья любят слушать весёлую музыку.

   4) В прошлое воскресенье мы слушали концерт.

   5) Я вас плохо слышу, вы говорите очень тихо.

   6) Об этом писателе я давно слышал.

5. 联词成句。

   1) Вчера, вечером, у, я, быть, гость.

      Вчера вечером у меня был гость.

   2) Кто, навещать, ты, когда, ты, быть, в, Москва?

      Кто навещал тебя, когда ты был в Москве? (Кого навещал ты, когда ты был в Москве?)

   3) В, суббота, у, вы, быть, экскурсия, в, музей?

      В субботу у вас была (будет) экскурсия в музей?

基础课 ПОВТОРЕНИЕ II

4) Вчера́, он, пло́хо, себя́, чу́вствовать, и, не, быть, на, рабо́та.

Вчера́ он пло́хо себя́ чу́вствовал и не́ был на рабо́те.

5) В, музе́й, Гугу́н, сохрани́ться, многочи́сленный, це́нный, ве́щи.

В музе́е Гугу́н сохрани́лись многочи́сленные ве́щи.

6) В, Сиа́нь, обяза́тельно, на́до, посмотре́ть, Террако́товая, а́рмия.

В Сиа́не обяза́тельно на́до посмотре́ть Террако́товую а́рмию.

7) В, воскресе́нье, я, и, друзья́, быть, в, бар, и, пить, пи́во.

В воскресе́нье я и друзья́ бы́ли (бу́дем) в ба́ре и пи́ли (бу́дем пить) пи́во.

8) Я, е́хать, в, аэропо́рт, провожа́ть, иностра́нный, го́сти.

Я е́ду в аэропо́рт провожа́ть иностра́нных госте́й.

9) Что, вы, знать, о, Москва́?

Что вы зна́ете о Москве́?

10) Кто, вы, ча́сто, спра́шивать, когда́, вы, не, понима́ть, по-ру́сски?

Кого́ вы ча́сто спра́шиваете, когда́ вы не понима́ете по-ру́сски?

11) Сучжо́у — мой, родно́й, го́род. Я, он, о́чень, люби́ть.

Сучжо́у — мой родно́й го́род. Я его́ о́чень люблю́.

12) Наш, преподава́тельница, хорошо́, знать, ка́ждый, из нас.

На́ша преподава́тельница хорошо́ зна́ет ка́ждого из нас.

13) Вы, не, знать, как, звать, наш, ру́сский, преподава́тель?

Вы не зна́ете, как зову́т на́шего ру́сского преподава́теля?

6. 回答下列问题。

1) Каки́е росси́йские города́ вы зна́ете?

Я зна́ю Санкт-Петербу́рг, Москву́, Каза́нь, Челя́бинск, Омск, Новосиби́рск, Красноя́рск, Ирку́тск, Читу́, Хаба́ровск, Владивосто́к.

2) Каки́х ру́сских писа́телей вы лю́бите?

Я люблю́ Пу́шкина, Ле́рмонтова, Го́голя, Толсто́го, Че́хова, Го́рького и други́х писа́телей.

3) Каки́е ру́сские пе́сни вы ча́сто поёте?

Мы ча́сто поём пе́сни «Подмоско́вные вечера́», «Катю́ша», «Ура́льская ряби́на», «Миллио́н а́лых роз» и други́е.

4) Каки́е телепереда́чи вы ча́сто смо́трите?

Мы ча́сто смо́трим «В ми́ре живо́тных», «Ве́сти», «Челове́к и зако́н», «КВН», «По́ле чуде́с», «Что? Где? Когда́?» и други́е.

5) Когда́ вы смотре́ли бале́т «Лебеди́ное о́зеро»?

Я смотре́л его́ ещё в про́шлом году́.

6) Где вы ра́ньше учи́лись?

Ра́ньше я учи́лся в небольшо́м го́роде на се́вере.

7) Кака́я пого́да была́ вчера́? А сего́дня?

Вчера́ была́ плоха́я пого́да. А сего́дня хоро́шая.

8) Что вы де́лали, когда́ шёл дождь?

Я смотре́л, как на́ши сосе́ди спеши́ли с у́лицы.

9) Кто из вас не́ был в дере́вне?

Я не́ был в дере́вне.

10) Кого́ вы жда́ли вчера́, когда́ я вас ви́дела?

Я ждал свою́ сестру́ и бра́та.

11) Кого́ вы ви́дели, когда́ вы шли в столо́вую?

Я ви́дел на́шего но́вого преподава́теля, когда́ шёл в столо́вую.

12) Како́й день был вчера́? А сего́дня?

Вчера́ была́ пя́тница. А сего́дня суббо́та.

13) Когда́ у вас была́ дискоте́ка?

Она́ была́ в четве́рг.

14) Что вы де́лали на дискоте́ке?

Что ещё могли́ де́лать? Танцева́ли.

15) В како́й день у вас был пикни́к?

Пикни́к у нас был в воскресе́нье.

16) Кто не́ был на экску́рсии в про́шлую сре́ду? Почему́?

Ко́ля не́ был. Он пло́хо себя́ чу́вствовал.

17) Где вы бы́ли вчера́ ве́чером?

Мы е́здили на Кра́сную пло́щадь и в Алекса́ндровский сад.

18) Когда́ вы обы́чно де́лаете убо́рку?

Мы обы́чно де́лаем ка́ждый день у́тром.

19) Каки́е сувени́ры вы предлага́ете купи́ть?

Я предлага́ю купи́ть вы́шивки, карти́ны и э́ти откры́тки.

20) Каки́е места́ в Москве́ сто́ит посмотре́ть?

Я ду́маю, э́то Кремль, Кра́сная пло́щадь, Дом-музе́й Пу́шкина, Третьяко́вская галере́я и други́е музе́и.

7. 用 что тако́е 或 кто тако́й (така́я, таки́е) 填空。

1) Вы ви́дите, что там тако́е?

2) Я не зна́ю, что тако́е посу́да.

3) Перево́дчик объясня́ет, что тако́е ма́нты.

4) Зна́ете ли вы, кто она́ така́я?

5) Я до́лго ду́мал, кто он тако́й.

6) Я спроси́л, кто они́ таки́е.

7) Скажи́те, что тако́е чёрный чай?

8. 用前置词 в 或 на 填空。

1) Ка́ждый день я хожу́ на стадио́н бе́гать.

2) В аудито́рии о́чень ти́хо. Все студе́нты занима́ются.

3) Факульте́т ру́сского языка́ нахо́дится на четвёртом этаже́.

基础课 ПОВТОРЕНИЕ II

4) Мой друг у́чится в медици́нском институ́те.

5) На э́той неде́ле у нас бу́дет экску́рсия на заво́д.

6) Собра́ние бу́дет в пя́тницу по́сле обе́да.

7) Его́ брат рабо́тает на фа́брике, а сестра́ в кру́пной фи́рме.

8) Я люблю́ подо́лгу смотре́ть на э́ту карти́ну.

9) Вы сде́лали мно́го оши́бок в дикта́нте.

10) Пти́цы летя́т на юг. Зна́чит, пришла́ о́сень.

9. 将括号中的代词变成适当的形式填空。

1) У (меня́) есть но́мер твоего́ телефо́на.

2) У (нас) в университе́те есть большо́й клуб и совреме́нный спортза́л.

3) У (тех) студе́нтов за́втра бу́дет экза́мен, поэ́тому сейча́с они́ сидя́т и занима́ются.

4) Я не зна́ю (э́ту) де́вушку и ви́жу (её) в пе́рвый раз.

5) Пе́тя всегда́ забо́тится о (свои́х) роди́телях.

6) Мы хорошо́ зна́ем (э́тих) студе́нтов и (тех) преподава́телей.

7) Ка́ждый день я жду (их) на (э́том) ме́сте.

8) (Его́) хорошо́ зна́ют (все) жи́тели.

10. 续完句子。

1) Мы прие́хали в Кита́й неда́вно, поэ́тому ещё пло́хо понима́ем по-кита́йски.

2) Серге́й хорошо́ зна́ет го́род Шанха́й, потому́ что он у́чится там уже́ тре́тий год.

3) Вчера́ я не была́ на экску́рсии, потому́ что пло́хо себя́ чу́вствовала.

4) Сиа́нь — кру́пный истори́ческий го́род. Здесь тури́сты мо́гут уви́деть мно́го достопримеча́тельностей.

5) Когда́ мы бы́ли в го́роде Сучжо́у, там как раз откры́лась вы́ставка фонаре́й.

6) Сто́ит побыва́ть в па́рке Ихэюа́нь, там о́чень мно́го краси́вых мест.

7) В воскресе́нье мы обы́чно отдыха́ем, но в про́шлое воскресе́нье мы рабо́тали, не отдыха́ли.

8) Обы́чно у́тром он чита́ет газе́ту, а сего́дня не успе́л: встал по́здно и чуть не опозда́л на рабо́ту.

11. 续对话。

1) —Что вы чита́ете ка́ждый ве́чер?

—Я чита́ю рома́ны. Вчера́ на́чал чита́ть рома́н «Как закаля́лась сталь».

—Э́тот рома́н интере́сный?

—Да, о́чень интере́сный.

2) —Како́й вид спо́рта ты предпочита́ешь?

—Я предпочита́ю футбо́л.

—А те́ннис ты не лю́бишь?

—Нет, те́ннис я не люблю́.

3) —Вы любите весну?

   —Конечно, люблю.

   —А лето?

   —Лето тоже.

4) —Куда ты идёшь?

   —Я иду на спектакль. Идём со мной!

   —Не могу. У меня дела!

   —Очень жаль.

5) —Что ты думаешь об этом деле?

   —Я считаю, что тут Саша поступил правильно.

   —Я тоже так думаю.

6) —Кто тот молодой человек?

   —Наш новый преподаватель.

   —А я думал, что это новый студент. Как его зовут?

   —Его зовут Пётр Николаевич.

7) —Кого ты здесь ждёшь?

   —Я жду нашего декана.

   —Он на собрании. Не жди его.

   —Спасибо, что сказали.

8) —Откуда ты идёшь?

   —От Ирины Петровны.

   —А что будешь делать вечером?

   —Буду дома. Приглашаю на чай.

12. 选择搭配（必要时，加前置词），并造句。

    находиться на дискотеке

    Все знали, что Оля вчера в это время находилась на дискотеке, а не на занятиях.

    слушать музыку

    Маша любит слушать лёгкую музыку.

    сидеть на стуле

    Дедушка сидит на стуле у окна и читает журнал.

    плавать в реке

    Как хорошо плавать в реке в такую погоду!

    идти на выставку

    Мы сейчас идём на выставку, вернёмся через 3 часа.

    ехать на автобусе

    Сегодня Мила едет на работу на автобусе, а не на такси.

    работать в аптеке

    Жена Ивана Ивановича работает в аптеке.

基础课 ПОВТОРЕНИЕ II

играть в бадминтон
Моя дочь хорошо играет в бадминтон.
строить гостиницу
Сейчас в этом районе строят гостиницу.

13. 翻译下列词组。

спорить обо всём   什么都争论（争论一切）
романтическое время года   浪漫的季节
принимать холодный душ   洗冷水浴
принимать лекарство   服药
страстный путешественник   狂热的旅行者
красивая фигура   漂亮的体形
читать роман «Евгений Онегин»   读长篇小说《叶甫盖尼·奥涅金》
промышленная база   工业基地
готовить из рисовой муки   用米粉做

14. 翻译下列句子。

1) 中国人总是非常隆重地庆祝春节这个传统的节日。
   Китайский народ всегда торжественно отмечает (этот) традиционный праздник — Праздник Весны.

2) 除夕全家人坐在一起包饺子，吃年夜饭。
   Накануне Праздника Весны люди собираются вместе, готовят пельмени, едят праздничный ужин.
   В полночь Праздника Весны все члены семьи собираются вместе, готовят пельмени, ужинают за праздничным столом.)

3) 元宵馅是甜的。
   Начинка юаньсяо сладкая.

4) 闲暇时我们喜欢争论一些问题。
   В свободное время мы любим спорить о том, о сём (о некоторых вопросах).

5) 夏天我们可以在河里游泳，在岸边晒太阳。
   Летом мы можем плавать в реке, загорать на берегу.

6) 冬天我们滑雪，滑冰，打雪仗。
   Зимой мы катаемся на коньках, ходим на лыжах, играем в снежки.

7) 我是教师。我在北京大学俄语系工作。
   Я преподаватель. Я работаю на факультете русского языка Пекинского университета.

8) 我教俄语和俄罗斯文学。
   Я преподаю русский язык и русскую литературу.

9) 每天早晨我都做操，洗冷水浴。
   Каждый день утром я делаю зарядку, принимаю холодный душ.

10) 每天早晨都是妈妈做早饭。

Каждый день утром моя мама готовит завтрак.

11) 回家的路上我去商店买水果和蔬菜。

На обратном пути домой я зайду в магазин, куплю фрукты и овощи.

(На обратном пути домой я захожу в магазин, покупаю фрукты и овощи.)

12) 每个人都有自己的爱好。

У каждого человека своё увлечение. (У каждого человека своё хобби.)

13) 我喜欢听歌剧，看芭蕾舞。

Я люблю слушать оперу, смотреть балет.

14) 我弟弟喜欢踢足球，打排球，下象棋。

Мой младший брат любит играть в футбол, в волейбол, в шахматы.

15) 南京是江苏的省会城市。

Город Нанькин — административный центр провинции Цзянсу.

16) 沈阳是重要的工业城市和交通枢纽。

Город Шеньян — важный промышленный город и транспортный узел.

17) 每年夏天哈尔滨都举办哈尔滨经济贸易洽谈会。

Каждый год летом в Харбине проводится Харбинская торгово-экономическая ярмарка.